D1720446

Janine Mehner

Meine Workation

Reisen mit Kater, Campervan und Kostüm

-von der Bühne ins Grüne-

Meine Workation
Reisen mit Kater, Campervan und Kostüm
gypsylife.style
2. Auflage
© 2023 Janine Mehner

Korrektorat	Needful Bytes – Jörg Zimmermann
Lektorat / Satz	Mylgia van Uytrecht
Cover	Ronja Forleo
Druck	Christiane Hartz-Aldag
Inspiration	Daniela Landgraf
Umsetzung	21 Tage Challenge „Schreib dein Buch"

Inhalt

Einleitung – FAQs

Im Vorfeld haben mich einige Fragen erreicht, die ich zu Beginn des Buches gern beantworten möchte.

Muss ich einen Van kaufen?

Nein, ich gebe lediglich Anregungen für eine Workation, also Arbeit und Vacation; ich mache das mit meinem Van. Man könnte beispielsweise auch ins Ausland fliegen oder remote arbeiten. Ich möchte zusätzlich aufs Reisen allgemein aufmerksam machen, wie Backpacking, das Radeln in Deutschland, das Laufen des Jakobswegs oder einfach ein verlängertes Wochenende. Ich möchte aufs Reisen allgemein aufmerksam machen, vor allen Dingen allein als Frau.

Ist das Buch auch etwas für mich, wenn ich keine Frau bin?

Natürlich. In diesem Buch teile ich wertvolles Wissen rund um das Reisen mit Kater und Campervan. Die spannenden Abenteuer, die ich erlebt habe, sind mir sicherlich nicht nur passiert, weil ich eine Frau bin. Alleine als Frau zu reisen, darauf werde ich immer wieder angesprochen. Ich bin aber auch jahrelang mit meinen Eltern und meinem damaligen Partner gereist. Auch, wenn das Reisen allein als Frau bei mir aus der Not heraus geboren ist, habe ich mittlerweile sehr viel Freude daran. Ich kann es jedem Menschen nur empfehlen, mindestens einmal im Leben allein zu reisen, weil man so viel über sich selbst lernt. Insbesondere Frauen möchte ich zum Alleinreisen ermutigen, und sei es auch nur Citytrip, da es eine unglaubliche Selbstermächtigung ist.

Muss ich Yogi werden und wo sind die Räucherstäbchen?

Neben Moderatorin bin ich auch Yogalehrerin und war in einem Kloster auf Sri Lanka. Daher gebe ich immer wieder Einblicke in buddhistische Lehren, zitiere bekannte Philosophen. Ich habe generell einen kritischen Blick – ich hinterfrage sehr stark unsere heutige Welt, weil alles menschengemacht ist und somit auch verändert werden kann.

Ich rege zum Nachdenken an, bin aber nicht dogmatisch und stülpe niemandem meine Meinung über. Im Gegenteil, ich bin ein sehr toleranter Mensch.

Brauche ich eine Katze?

Nein. Es reisen sehr viele Menschen mit ihrem Hund, das ist normal. Reisen mit Katze kommt eher selten vor, aber es wird mehr. Einige Campingplätze schreiben nun schon „Hund/Katze" oder „Tier" für den Preis pro Nacht auf dem Gelände. Die Idee, öfter zu reisen lässt sich genauso auch ohne Haustiere umsetzen. Ich habe meinen Reisekater fast immer dabei und möchte zeigen, dass das Reisen (im Van) auch mit einer Katze geht, man muss nur wissen wie.

Muss ich selbstständig sein, um ein digitaler Nomade zu sein?

Nein. Es gibt zwar viele Freiberufler unter den digitalen Nomaden, aber die letzten zwei Jahre haben uns gezeigt, dass Homeoffice bzw. Telearbeit möglich ist. Ich finde es bereichernd, morgens Calls zu haben und nachmittags die Füße ins Wasser am Strand zu stecken. Wenn bisher zumindest noch nicht mobil gearbeitet wurde, dann wird es höchste Zeit, oder?

Die Quelle meines größten Abenteuers

Wenn ich im Kalender den ungünstigsten Zeitraum hätte anstreichen sollen, um ein Campervan-Abenteuer mit Workation zu starten und Europa zu besichtigen, dann wäre es definitiv dieser gewesen …

Am 14. März 2020 sitze ich gegen 20 Uhr auf einer Parkbank in Tarragona/Spanien, blicke auf ein wunderschönes Viadukt, das durch die untergehende Sonne ockergelb angestrahlt wird. Auf dem Parkplatz steht mein Campervan Gypsy, in ihm schläft seelenruhig mein flauschiger Co-Pilot und Reisekater Flynn. In meiner Küchenzeile steht ein kleiner Blumenstrauß, den ich bei meinem letzten Job in Deutschland als Moderatorin bei einer Preisverleihung im Münchner Rathaus bekommen habe. Das Bouquet musste ich auseinandernehmen und kürzen, damit es irgendwie in meinen Van passt. Von München ging meine Reise los durch Österreich, die Schweiz, Frankreich und Spanien. Denn zwischen meinen Jobs auf der Bühne arbeite ich als digitale Nomadin und möchte die freie Zeit zwischen zwei Aufträgen im Warmen verbringen. Mein Ziel: Andalusien.

Ich starre auf mein Handy und lese die Nachricht: „Deutschland schließt morgen um 8 Uhr die Grenzen." Soll ich umkehren oder weiterreisen?

Plan B?!

Kennst du das Gefühl, für etwas zu brennen? Was ist der erste Gedanke, wenn du die Augen öffnest? Wovon träumst du, bevor du schlafen gehst? Und wohin schweifen deine Gedanken zwischendurch? Bei mir ist es das Rampenlicht. Mein Plan A.

Solange ich in Tarragona auf der Parkbank sitze und überlege, ob ich bleibe oder fahre, stelle ich mich kurz vor.

Seit ich drei Jahre alt bin, stehe ich auf Bühnen. Ich habe getanzt, Theater und Klavier gespielt. Meine Nachmittage und Wochenenden bestanden aus Auftritten. Ich habe sogar die Ostdeutsche Meisterschaft im Hip Hop erreicht. Nach einer Reise mit meinen Eltern auf einem renommierten Kreuzfahrtschiff wusste ich, was ich für meine Zukunft wollte: Als Künstlerin im Rampenlicht stehen und die Welt bereisen.

Als ich 16 Jahre alt war, gab es an meiner Schule eine Berufsberatung. Aus Spaß an der Freude machte ich mit und kreuzte alles wahrheitsgemäß an: Ich bin gerne kreativ, singe, tanze, spiele, arbeite gern mit anderen Menschen und bin ein Freigeist. Die Auswahl der geeigneten Berufe war ein Reinfall: Janine Mehner kann als Töpfer, Regisseur, Architekt oder Philosoph arbeiten. Kein Wort zu Schauspiel, Tanz, Gesang oder Ähnlichem. Das kam alles aus mir. Übrigens, das war 2006, da gab es noch kein Gendern. Obwohl ich die Gleichberechtigung der Geschlechter stark befürworte, möchte ich in meinem Buch des Schreib- und Leseflusses wegen, weitgehend darauf verzichten.

Für meinen Traum zog ich nach meinem Abitur ins 500 Kilometer von Freiberg in Sachsen entfernte Hamburg. Ein ostdeutsches Landei in der westdeutschen Großstadt, da prallten Welten aufeinander. Schon allein der Weg zur Musicalschule Hamburg war ein Abenteuer.

An der Bushaltestelle frühmorgens hörte ich fünf verschiedene Sprachen, abends musste ich durch eine dunkle Unterführung, um mit der S-Bahn zu fahren, um anschließend noch einmal die U-Bahn zu nehmen. Ich gewöhnte mich rasch an die Schnelllebigkeit einer Großstadt, sodass ich einmal wütend meine Mutter anrief und mich über den Bus beschwerte, der vor meiner Nase abgefahren war, wohlwissend, dass der nächste fünf Minuten später kommt. Meine Mutter redete mir ins Gewissen und rief mir in Erinnerung, dass bei uns zu Hause der Bus alle 30 Minuten fährt, am Wochenende kommt er nur jede Stunde.

Zwei Jahre drehte ich meine Pirouetten und arbeitete unter Schweiß an meinen Pas-de-bourrés. Vergebens. Ich wurde rausgekickt. Auf meinem Zeugnis stand: „Deine musikalische Gesamtleistung stimmt nicht." Mein Herz blutete und das erste Mal in meinem Leben stand ich vor einem schwarzen Loch, denn bis dato lief immer alles nach (Regie-)Plan. Doch Zeit den Kopf in den Sand zu stecken und heulend zu sagen: „Das war mein großer Traum, nun ist er zerplatzt.", wie Teilnehmer von „Deutschland sucht den Superstar" oder „Germany's next Topmodel" das häufig tun, hatte ich nicht. Denn als wäre das nicht genug gewesen, durfte ich den Kredit, den ich für die Ausbildung aufgenommen hatte, monatlich abstottern. Miete, Krankenversicherung und Kredit lagen zusammen bei monatlich 1.000 Euro; da hatte ich noch nichts gegessen.

Ich brauchte also schnell Geld und das ohne eine abgeschlossene Ausbildung. Ich entschied mich für eine Promotion- und Hostess-Tätigkeit. Wie es der Zufall wollte, war ich für einen Job als Hostess gebucht, als ausgerechnet dort der Moderator krank wurde. Die Produktionsleitung schaute in meine Vita und sagte rasch: „Du hast was mit Bühne gemacht, du machst das jetzt." Blauäugig nahm ich das Mikrofon in die Hand und erzählte was vom Pferd. Dem Kunden schien es gefallen zu haben, denn er buchte mich direkt noch einmal.

Mir gefiel es auch, schließlich konnte ich endlich auf (m)einer Bühne stehen und damit meinen Lebensunterhalt verdienen. Ab da baute ich mein Moderationsbusiness auf, stand von Tag eins an als Moderatorin auf der Bühne und moderierte Events, Kongresse, Messen, Galas, Podiumsdiskussionen, sowie im TV und in Livestreams. Es folgten parallel dazu Praktika, ein Volontariat in einer Fernsehredaktion, Studiengänge in Journalismus und Medienmanagement, sowie Moderationsworkshops.

Mein Berufsleben führte mich bis heute als reisende Moderatorin und Journalistin in fast alle Winkel Deutschlands von der Schlei bis zum Bodensee und über die Ländergrenzen hinaus nach Norwegen und Island, nach Sydney, nach Brünn in die Tschechische Republik, nach Baku in Aserbaidschan, wo ich einen Kongress für das Bundesministerium für Wirtschaft und Energie leitete, sowie nach San Diego, wo ich für ein amerikanisches Unternehmen eingeflogen wurde, um auf einer Messe zu moderieren.

Ich bin ein Bühnenmensch. Es war immer mein innerster Antrieb, auf die Bühne zu kommen. Es gab nur das; kein Links, kein Rechts. Das ist mein Leben, die Bretter, die die Welt bedeuten.

Einen Plan B hatte ich nie; sonst funktioniert Plan A nicht.

Workation

Work = Arbeit

Vacation = Urlaub

Ich stehe als Moderatorin auf der Bühne oder vor der Kamera am Set. Die Vorbereitungen, wie Vor- und Nachbereitung, Posts, Reiseplanung, Abrechnung, Kundenakquise o.Ä., machen jedoch den viel größeren Teil meiner Arbeit aus.

Ob ich mein Homeoffice in Hamburg oder am Gardasee habe, ist dabei gleichgültig. Wichtig ist, dass es eine stabile Internetverbindung gibt. Und selbst hier sei gesagt, dass es im Prinzip reicht, einmal pro Tag Internetzugang zu haben, zumindest für die Mails, weil der kreative Prozess meist ohne Ablenkung sogar besser funktioniert oder man effektiver arbeiten kann. Für Videokonferenzen ist das Internet natürlich unabdingbar.

Viele Menschen haben sich zu Hause einen schönen Arbeitsplatz eingerichtet; eine gute Kamera, ein gutes Mikrofon und fertig ist der Arbeitsplatz. Das ganze Equipment gibt es natürlich auch als Reisevariante: ein kleines Ringlicht, ein portables Headset und der Laptop sind auch praktisch für unterwegs. Mehr braucht man nicht zum Arbeiten, zumindest die meisten.

Warum dann nicht das Homeoffice an einen schönen Ort verlagern? Ich liebe es, nach einem Videocall am Strand zu spazieren. Wie schön kann bitte ein Arbeitstag sein? Das Frühstück in der Wärme zu genießen, da fühlt sich alles gleich viel leichter an und ich starte herrlich in den Arbeitsalltag. Die Zeit scheint bei anderen Kulturen langsamer zu ticken, da brauchen wir gar nicht so weit weg von Deutschland reisen, das habe ich schon in meiner Au-pair-Zeit in Südfrankreich gemerkt.

Ein kleiner Ausflug ans Wasser, eine Joggingrunde durch die Weinberge in der Mittagspause, das nenne ich Leben.

Ich liebe es zu reisen, neue Kulturen kennenzulernen, das entspannt mich. Auf Reisen kann ich ganz ich selbst sein und gerade die Begegnungen machen das Reisen so spannend, zeigen sie mir doch, wo ich momentan stehe. Denn, wenn ich neue Menschen kennenlerne, dann meist, weil wir eine Gemeinsamkeit teilen und dadurch in Resonanz gehen.

Warum soll man diese Erfahrungen auf ein paar Tage im Jahr reduzieren? Ortsunabhängig arbeiten kann heutzutage fast jeder.

Es muss ja nicht gleich ein Jahr Work & Travel in Australien sein. Das geht übrigens wegen der Visaregelungen sowieso nur bis zum 30. Lebensjahr.

Workation ist der neue Trend. Das Wort setzt sich zusammen aus „work", also Arbeit und „vacation", der Urlaub. Das Büro ist mobil dabei und in der Freizeit kann man eben reisen. Das kann zwar die Gefahr bergen, im Urlaub nicht richtig zu entspannen. Soll es aber nicht. Das Gegenteil ist der Fall: Während der Arbeitswoche kann man schöne Freizeitaktivitäten ins Leben integrieren.

Welcher Campervan passt zu mir?

Als ich im Februar 2020 aus dem sonnigen Kalifornien ins Hamburger Schiet-Niesel-Regen-Wetter kam, wollte ich schnell wieder weg, und zwar irgendwohin, wo es warm ist. Wenn ich nicht arbeite, bin ich sehr gern unterwegs. Ich spürte, dass ich nicht erst bis zum Sommer warten wollte, sondern setzte alles daran, sofort wegzukommen.

Ich hatte die Chance, direkt einen Van in Hamburg anzuschauen. Den habe ich leider nicht bekommen. Da war ich richtig traurig und habe noch intensiver gespürt: Ich will das unbedingt.

Der Gedanke „Reisen mit Campervan" kreiste schon seit zwei Jahren in meinem Kopf. Aber ich kann nicht sagen, dass ich mich bewusst dazu entschieden habe. Es fühlte sich vielmehr an, als wurde ich gerufen. Einfach machen. Und so startete ich mein Werk.

Als Erstes überlegte ich mir, für welchen Zweck ich den Van bräuchte. Es ist ein großer Unterschied, ob man nur mal am Wochenende fix wegfahren möchte. Dann reicht meiner Meinung nach ein Bulli mit umklappbarer Rücksitzbank und Matratze sowie Gaskocher vollkommen aus. Oder möchte man längerfristig reisen, arbeiten und unterwegs sein? Für mich kam Zweiteres infrage, zumal ich noch dazu mit meinem Kater reise und er im Auto zumindest etwas Platz zum Laufen haben sollte.

Zur Inspiration durchforstete ich Instagram und Pinterest (Zweiteres ist für schön ausgebaute Campervans sehr empfehlenswert) und erstellte meine Wunschversion eines Vans.

Ich hatte mich Folgendes gefragt: „Will ich ein gebrauchtes Wohnmobil (von der Stange), das aussieht, als wäre meine Oma darin gefahren, ein Schmuckkästchen á la Glamping (Glamour Camping) oder doch lieber einen Individualausbau?" Eins ist klar; ich bin eher der „individuelle" Typ.

Mir gefallen die Wagen, die innen mit Holz verkleidet sind, außerdem liebe ich bunte Kissen und Lichterketten. Vollkommen beseelt und inspiriert, reduzierte ich meine Suche auf Deutschland, um hier ähnlich stylische Modelle zu finden, wurde aber schnell bitter enttäuscht. Die Bandbreite ist zwar auch hier groß, es gibt alte Blechkisten mit 300.000 Kilometern ohne TÜV für 5000 Euro bis hin zu neuen Luxus-Wohnmobilen zum Preis von 120.000 Euro. Irgendwo dazwischen (eher unteres Drittel) gliederte ich mich ein. Die ernüchternde Wahrheit zeigte sich schnell, wenn ich auf Kosten, Kilometerstand und Ausstattung filterte. Ich hielt nach gebrauchten Modellen Ausschau, doch die Ausbeute war gering. Wenn man so viele wunderbare Fotos gesehen hat, ist die Auswahl in Deutschland frustrierend.

Mittlerweile gibt es auch Anbieter, die Kastenwagen und Busse ausbauen. Dafür benötigt man zunächst einmal einen fahrbaren Untersatz und den lässt man ausbauen: Dämmen, Elektrizität verlegen, verkleiden, Einbau von Möbeln mit Küche und Bett. Das dauert circa drei Monate und kostet ab 15.000 Euro; plus der Wagen an sich natürlich. Das dauerte mir zu lang, denn ich wollte lieber gestern als heute weg und nicht erst im Juli ...

Also stellte ich mir als nächstes die Frage, ob ich den Van nicht selbst ausbauen möchte à la Pippi Langstrumpf: „Ich habe so etwas noch nie gemacht, ich schaffe das." Mut ist eine Sache, aber Vernunft eine andere. Man kann zwar vieles lernen, aber schneller würde ich das sicherlich auch nicht hinkriegen.

Daher machte ich mich weiter auf die Suche und schaute jeden Tag bei diversen Autoportalen und Ebay Kleinanzeigen.

Ich entdeckte im Internet einen wunderschönen Campervan im Käbschütztal bei Meißen, wo meine Eltern herkommen. Ich habe angerufen, aber leider niemanden erreicht. Jetzt war ich zufällig ein paar Tage bei meinen Eltern im Erzgebirge gewesen. Auf dem Rückweg über die A14 nach Hamburg rief mich der Händler zurück und fragte, ob ich ihn mir mal anschauen möchte. Ich bejahte und der Händler fragte, wann ich denn da sein könne. Ich antwortete: „Laut Navi in 33 Minuten." Gesagt, getan. Zum Glück war ich nicht schon wesentlich weiter nördlich.

Plötzlich war es so weit. Ich bin den Wagen vor lauter Aufregung nicht mal Probe gefahren, sondern saß gespannt auf dem Beifahrersitz. Der Verkäufer redete ohne Unterlass auf mich ein. Er erzählte mir, dass der Wagen vorher einem Tischler gehörte, der ihn professionell ausgebaut hatte. Es ist ein Citroën Jumper Kastenwagen, H3N4, der 150.000 Kilometer gefahren ist. Im ersten Leben war er ein Lieferwagen. Der Tischler fand ihn nach kurzer Zeit für sich und seine Frau zu groß. Ich dachte: „Was, für zwei Personen ist er zu groß? Dann passt er genau für Flynn und mich."

Der Wagen ist innen mit Profilholz verkleidet, das gibt eine warme Atmosphäre. Die Küche ist topmodern mit natürlichem und weißem Holz. Das Thema Schwarz-Weiß zieht sich durch den Wagen und findet sich wieder bei Stoffen, Kissen und dem Vorhang zur Fahrerkabine. Das lässt Raum für eigene Dekorationsmöglichkeiten. Vom ersten Moment an liebte ich die Flügeltüren im hinteren Bereich, denn diese kann man öffnen und vom Bett aus in die Natur schauen, so wie ich es in meinem Visionboard festgehalten hatte. Der Händler ließ mich kurz allein und schloss hinter sich die Schiebetür. Als ich mich aufs Bett setzte, fühlte ich mich sofort zu Hause. Flynn, mein Kater, beobachtete mich bei der Besichtigung während er in meinem kleinen Citroën C1 vor dem Campervan auf der Ablage saß. Für mich war das ein Zeichen, dass es dieser Wagen wird, weil wir ihn „zusammen" angeschaut haben.

Was soll ich sagen? Ich war schockverliebt, der perfekte Match.

Ich entschied, eine essenzielle Regel zu brechen. Als Selbstständiger sollte man immer finanzielle Rücklagen für Notfälle haben. Doch was sollte schon passieren? 2019 war mein umsatzstärkstes Jahr und das Auftragsbuch für 2020 war bereits im Februar für den Rest des Jahres gut gefüllt. Ich habe alle meine Aktien verkauft und meine finanziellen Ressourcen so ziemlich aufgebraucht. So habe ich den Kaufvertrag, ohne selbst Probe zu fahren, sofort unterschrieben und das komplette Geld überwiesen.

Es konnte losgehen. In circa vier Wochen würde ich einen Job in München haben und 14 Tage später ebenfalls in der bayrischen Landeshauptstadt auftreten. Daher wollte ich von Süddeutschland aus bereits meine erste Tour nach Italien planen, denn die zwei Wochen dazwischen erschienen mir als erste Tour ausreichend und Italien gut erreichbar.

Nun fing die ganze Organisation des Campervan-Abenteuers an, denn ich hatte noch einige Erledigungen vor mir. In kürzester Zeit musste ich das Auto versichern und anmelden, Sicherungen bestellen, Lösungen finden, wo ich meine Klamotten verstauen kann (schickere Business-Sachen, Kleider und Kostüme für Veranstaltungen). Tausend Fragen schwirrten mir durch den Kopf: „Wo fange ich an, wo kriege ich alles her und vor allen Dingen: Wie heißen diese Klebedinger aus Gummi, mit denen man Sachen an der Wand befestigen kann?"

Bei einem Campervan oder Wohnmobil geht es um das Wohnerlebnis. Obwohl in meinem Wagen recht wenig Technik verbaut worden ist, muss man auch die ganzen technischen Sachen beachten. Nachdem viele Vorbereitungen getroffen waren, holte ich, zusammen mit

Papa, das mobile Zuhause auf Rädern im Käbschütztal ab. Zum Glück war er dabei, denn der Verkäufer erklärte uns die ganze Technik.

Es gibt an sich nur die Küche mit Spüle und zwei Kochfeldern, die über eine kleine Gasflasche versorgt werden, den Frischwassertank (70 Liter) sowie Abwassertank (50 Liter), das Licht und den Stromanschluss entweder per Landstrom oder über das Solarpanel, mit dem ich drei Tage autark stehen kann. Nicht zu vergessen meine neu eingebaute Standheizung. Hierfür gibt es drei Optionen, wie diese gespeist werden kann. Ich habe mich für „Diesel" entschieden, denn bei Gas könnte nachts etwas ausströmen, ohne dass ich es merke und das Auto bräuchte einen zusätzlichen Gastank. Die Elektrostandheizungen ziehen verdammt viel Strom. Die Dieselheizung kann sehr schnell nachgerüstet werden und wird direkt vom Dieseltank des Motors gespeist, daher brauche ich also keinen extra Tank. Der Verbrauch liegt bei circa 0,5 Liter Diesel pro Stunde, dabei verbleibt aber immer ein Viertel des Tanks für den Motor, damit man nicht wegen der Heizung den Tank entleert.

Die Kennzeichen habe ich übrigens eigenhändig angebracht, das soll mir Glück bringen.

Gedanken habe ich mir auch darüber gemacht, ob ich meine Wohnung vollständig aufgebe, um Kosten zu sparen. Für mich ist der Gedanke befreiend, zu reisen, wann immer ich möchte, aber es ist auch gut zu wissen, dass ich immer zurück zu meiner festen Basis kann, um zum Beispiel für Jobs neu zu packen, Wäsche zu waschen und einen Ort für die wichtigsten Habseligkeiten oder Erinnerungsstücke sowie die Steuer zu haben. Es würde mich sicherlich mehr stressen, fünf Monate ohne Unterbrechung on tour zu sein. Der Wechsel zwischen Reisen und Ruhe zu Hause ist für mich sehr wertvoll. Ich glaube, Flynn tut das auch gut. Deshalb habe ich es mir geleistet, die Wohnung vorerst zu behalten.

Alles für die Katz'

Ich hatte einige Jahre zuvor einen Kollegen kennen gelernt, der genau den gleichen Job macht wie ich. Er ist freiberuflicher Moderator. Er hatte einen Campervan und reiste durch Europa, ließ den Van immer stehen, wenn er einen Job hatte und flog dann extra dafür nach Deutschland. Hinterher kam er zu seinem Bus zurück und setzte die Reise fort. Diese Idee fand ich charmant, obwohl sie für mich nicht umsetzbar war, denn ich habe ja noch Flynn.

Flynn ist übrigens auch ein Grund, warum ich mir den Van gekauft habe, denn beim Leasing müsste ich den Wagen in ein paar Jahren wieder abgeben. Doch ich weiß nicht, wo die ganzen Katzenhaare hinfliegen und ob Flynn vielleicht die Möbel zerkratzt, wenngleich er das zu Hause nicht macht?! Bevor ich das herausfinden würde, musste mein Reisekater natürlich auch auf die Reise vorbereitet werden.

Wenn ich mich entschieden habe, setze ich Dinge schnell um. Eben auch für die Katz´. Alles ist geregelt, denn Flynn hat jetzt neuerdings einen EU-Reisepass. Den braucht er, wenn ich außerhalb von Deutschland mit ihm reisen möchte.

Der ein oder andere wird jetzt denken: „Naja, abgesehen davon, dass man die Katze nicht drei Tage allein im Auto sitzen lassen kann, kommt die doch eh nicht mit, denn Katzen mögen kein Auto fahren!"

Das ist nur bedingt richtig. Die meisten Katzen assoziieren mit Auto fahren einen Tierarztbesuch, wenn sie ausschließlich im Auto sitzen, um dorthin zu gelangen. Mein Kater hingegen ist es gewohnt, seit er ein Kitten ist, Auto zu fahren. Er kommt aus Nürnberg und so hatten wir unsere erste Begegnung vier Stunden lang im Auto. Er weinte jämmerlich, weil er zu seiner Katzenmama zurückwollte. Das war herzzerreißend. Zwei Tage später hatte er sich allerdings schon gut bei mir und meiner Familie im Erzgebirge eingewöhnt. Als vollwertiges Familienmitglied ist er natürlich an Ostern und Weihnachten immer mit dabei bzw. verlebt dort seinen Urlaub, wenn ich exotische Länder bereise. Zufrieden chillt er sich beim Autofahren in seine Transportbox, wenn wir zwischen Hamburg und Freiberg pendeln.

Daher kann er Auto fahren. Bisher haben wir aber noch nicht gewechselt, sodass immer ich das Steuer übernehme. Ich hatte wenig Bedenken, dass er das mit dem Autofahren hinkriegt. Vielmehr war meine Sorge, ob er mit dem geringen Raum im Van auskommen würde. Es gibt jedenfalls gute Lösungen.

Einige wagen vielleicht ebenfalls ein tierisches Abenteuer. Daher stellt sich die Frage: Was brauche ich, um mit meinem Vierbeiner, insbesondere einer Katze, zu verreisen?

Normalerweise bekommt die Katze beim ersten Tierarztbesuch einen Impfausweis, da werden alle wichtigen Impfungen erledigt (Katzenschnupfen, Katzenseuche, FeLV-Leukose und Felines Leukämievirus, FIP, Tollwut). Gegebenenfalls müssen später einigen Sachen aufgefrischt werden.

Außerdem sollte die Katze für die Reise ins Ausland entwurmt und gegen Zecken behandelt sein. Da Flynn ein Stubentiger ist, hatte ich ihn bisher aber keiner Entwurmungskur unterzogen.

Nun da er mit mir die weite Welt bereisen darf, brauchte er auf jeden Fall eine Auffrischung der Tollwut-Impfung und musste einen Chip bekommen, den man wiederum bei Tasso registrieren kann, falls die Katze verschwindet. Dann kann man zumindest den Chip auslesen und die Identität des Tieres nachweisen.

Der Chip kommt in der Regel in die Region der linken Schulter. Flynn hat das Prozedere beim Tierarzt mit Bravour gemeistert. Die Kanüle für den Chip ist recht groß. Sowohl die Tierärztin als auch die Helferin haben gestaunt, dass er keinen Mucks von sich gegeben hat. Eine tapfere Fellnase habe ich.

Durch das Chippen hat sich Flynn qualifiziert, einen Europäischen Heimtierausweis zu bekommen. Der ist unerlässlich, wenn man Deutschland verlassen möchte, vor allen Dingen, wenn man Grenzen passieren und wieder nach Deutschland zurückkehren möchte, um illegalen Tierhandel zu unterbinden.

Neben dem obligatorischen Reisepass, braucht es natürlich das Rundum-Sorglos-Paket für meinen Begleiter:

- Futter
- Katzenklo (macht die Katze froh)
- Katzenstreu
- Spielzeug
- Kratzbaum
- Körbchen
- Kissen (bestenfalls Sachen oder Decken, die sowieso nach ihm riechen)
- Transportbox
- Eine Leine, damit sich die Miez mal die Beine vertreten kann
- GPS-Tracker für eventuelle Alleingänge, damit er nachts stromern kann

Flynn ist ein Britisch-Kurzhaar-Kater, ein Stubentiger. Bisher ging er nur kurz auf den Balkon oder in den Garten meiner Eltern unter Aufsicht. Er geht nicht gern an der Leine. Es ist eher so, dass er mit mir Gassi geht, also ich trotte hinterher, wohin er will. An-der-Leine-Laufen funktioniert nur suboptimal, daher geht er bisher ohne Leine unter Aufsicht in den Garten meiner Eltern. Flynn hört zu meiner Erleichterung zu 95 Prozent auf das Kommando „Komm, wir gehen rein."

Der GPS-Tracker gibt ihm nun die Freiheit, nachts allein auf Entdeckungstour zu gehen. Den Tracker bekommt er ans Halsband und ich kann per App verfolgen, wo er rumstromert. Durch Licht und Signalton kann ich ihn jederzeit wieder einfangen.

Damit steht unserem Abenteuer nun nichts mehr im Wege.

Die allererste Nacht

Nachdem alle technischen Gegebenheiten ausprobiert wurden, wartete das erste Fahrmanöver auf mich: Rückwärtsfahren. Ich dachte: „Na prima, nichts leichter als das mit einem 6,50 Meter langen Auto." Doch dank Einweisung ging es besser als erwartet.

Am Abholtag habe ich das Auto auf dem Garagenhof meiner Eltern eingeräumt. Dabei habe ich als Erstes meine Yogaflaggen überm Bett angebracht, sodass diese im Wind bei geöffneten Flügeltüren wedeln können. Das ließ mein Herz höherschlagen. Danach habe ich das Bett mit meiner bunten Bettwäsche im Boho-Stil bezogen, es wirkt urgemütlich. Das waren die wichtigsten Accessoires. Sie prägen maßgeblich das Interieur.

Mit Flynn wollte ich die allererste Nacht auf dem Parkplatz Probe schlafen. Ich habe Flynn vom Haus meiner Eltern in den Campervan getragen, damit er nicht für 15 Meter in die Box musste, also um unnötigen Stress zu vermeiden. Da sich die Schiebetür beim Camper schwer öffnen und schließen lässt, habe ich ihn erstmal auf den Boden des Vans gesetzt, um dann die Tür zurückzuschieben. In dem Moment ist Meister Petz aber schon aus dem Van in Richtung Haus meiner Eltern spaziert und hat sein Desinteresse bekundet. Also zweiter Anlauf: Wieder trug ich ihn in den Wagen, hatte aber meine Mama instruiert, hinter uns die Tür zu schließen. Die Katze war also nicht aus dem Sack, sondern im Wagen.

Erstmal maunzte er lautstark und protestierte. Dabei stellten sich mir als Katzenmama die Nackenhaare auf. Irgendwann hatte er sich aber beruhigt und kuschelte sich zu mir ins Bett. Ich persönlich konnte super schlafen in unserem mobilen Zuhause. Um 5 Uhr morgens sind wir dann ins Haus meiner Eltern umgezogen, um noch einmal eine letzte Nacht mit festem Dach überm Kopf zu verbringen, bevor es endlich los ging …

Am nächsten Tag startete ich in mein Campervan-Abenteuer und fuhr vom Garagenhof meiner Eltern. Das fühlte sich für beide Seiten wie ein erneuter Auszug an. Ich musste sichergehen, ob ich alles eingepackt hatte, schließlich benötigte ich meine ganzen Moderationssachen, Schuhe, Moderationskarten, nun auch das Fressen und das Streu für Flynn und neben der Kleidung für den Showabend auch meine Freizeitklamotten inklusive Yogamatte für meine Reisezeit dazwischen, außerdem das Equipment fürs Homeoffice. Für den Münchner Modepreis hatte ich ein Kleid gestellt bekommen, was mir vorher zugeschickt wurde. Genau genommen, wurden mir drei Kleider zur Anprobe gesendet, eines davon würde ich tragen. Ich kontrollierte fünf Mal, ob ich das Paket mit dem besagten Kleid auch wirklich in meinem Van verstaut hatte.

Meine Eltern und ich umarmten uns herzlich und meiner Mama fiel der Abschied sichtlich schwer. Als ich vom Garagenhof abbog, sah ich im Seitenspiegel, wie mein Papa meine Mama in den Arm nahm.

Auch bei mir rollte eine Träne. Manchmal kann die Erfüllung vom eigenen Traum gleichzeitig auch Abschied von seinen Nächsten bedeuten.

Ab durch die Zauberkugel

Ich bog von der A4 auf die A9 und fuhr vier Stunden nach München zu meinem ersten Job als Besitzerin eines Wohnmobils. Das war eine gute Distanz, um sich ans Reisen zu gewöhnen, auch für Flynn. Dabei hoffte ich sehr, dass überhaupt ein Wohnmobilstellplatz offen haben würde, denn die Saison in Deutschland geht erst ab Ende März bzw. April los, meine Veranstaltung fand bereits am 8. März 2020 statt. Außerdem sind Campingplätze, was die Rezeption angeht, eher spartanisch besetzt und haben oft Öffnungszeiten von 8 bis 12 und 15 bis 18 Uhr. Das heißt, wenn man später ankommt oder auch berufsmäßig vor 8 Uhr den Platz verlassen möchte, sollte man unbedingt vorher das Gespräch suchen, um eine Lösung zu finden. Von Hotels ist man mittlerweile ein 24/7-Service gewöhnt und kann ein- und auschecken, wann man möchte.

Aber ich hatte einen schönen Campingplatz am Rande von München gefunden. Die erste Nacht gefiel mir gut, denn sobald ich im Van unterwegs bin, stellt sich in mir dieses Urlaubsgefühl ein.

Ich war überrascht, wie viele Anzugträger morgens aus einem Wohnmobil stiegen und mit öffentlichen Verkehrsmitteln in die Stadt fuhren.

Obwohl ich etwas gespannt war, wegen den Anschlüssen wie Strom und Wasser, lief alles wie am Schnürchen; ich sage nur „Wasser marsch". Bei den Duschen auf dem Campinggelände musste man darauf achten, dass man entweder Kleingeld dabeihatte oder man musste spezielle Münzen an der Rezeption dafür tauschen. Das hatte ich natürlich alles gemacht. Dennoch stand ich im Evakostüm oder wie man im Englischen sagt, im Birthdaysuit, in der Dusche, drückte auf den grünen Knopf und es kam kein Wasser. Bis ich merkte, dass man bei diesem System erst eine Zahl für die entsprechende Dusche wählen muss und danach bezahlt. Ich muss natürlich nicht erwähnen, dass ich nur eine Münze dabeihatte. In Duschmontur eilte ich über den Platz zum Auto zurück, um mir eine zweite Münze zu holen. Das ging gerade noch einmal gut, denn für meinen Moderationsjob wurde ich zwar vor Ort gestylt, sollte aber mit frisch gewaschenen Haaren anrücken.

Trotz Dusch-Intermezzo war meine Stimmung am Morgen hervorragend, da ich mit Vogelgezwitscher und so viel Grün in den Tag startete. Grün ist in der Yoga-Philosophie die Farbe vom vierten Chakra, des Herzchakras. Es erfreut also meine Seele und ich bin mit der Natur verbunden, da strahlt mein Herz.

Mit meinem Kleid in der Paketbox unterm Arm fuhr ich mit einem breiten Dauergrinsen im Bus zur Arbeit, wechselte dann in die U-Bahn und fühlte mich wie von einem anderen Stern zwischen all den Menschen mit hängenden Mundwinkeln.

Am Münchner Rathaus angekommen, war es wie fast immer bei Produktionen: hektisch. Wir probten die Übergaben für den Münchner Modepreis mit dem Bürgermeister Manuel Pretzl, anschließend probte ich die Laufwege mit meinem Kleid. Ich trug an dem Abend einen Traum in pink vom Designerduo Talbot Runhof, ein Kleid wie angegossen, welches ich leider hinterher wieder abgeben musste. Für den Aufgang zur Bühne musste ich Treppen steigen, dafür bekam ich eine „Stage-Hand", also eine helfende Hand. Denn mit meiner rechten Hand umfasste ich Moderationskarten und Mikrofon, mit meiner Linken raffte ich das Kleid ein wenig und irgendwo dazwischen half mir jemand mit einem eleganten Schubs auf die Bühne. Die Bühne war gleichzeitig der Laufsteg, denn bei einem Modepreis, macht es Sinn, dass die Mode auch präsentiert wird. Der Laufsteg hatte die Form eines großen „L". Das Publikum saß rings um die Bühne, sodass ich mich ständig um die eigene Achse drehen musste, um alle Zuschauer mit meiner vorderen Seite und nicht nur mit dem Popo anzuschauen. Das traumhafte Kleid war mir jedoch ein bisschen zu lang, was das Drehen herausfordernd, aber nicht unmöglich machte. Nach der Probe ging es für mich in die Maske, vorbei an Ton, Technik, Licht, Kamera, Choreografin und Caterer. Teamwork und gute Vorbereitung sind enorm wichtig. Ich staune jedes Mal, wie viele Menschen und wie viele Gewerke bei einer großen Produktion beteiligt sind, um allen Gästen einen schönen Abend zu bescheren. Ich fühle mich nach der Maske immer wie bei der Miniplaybackshow, als dürfe ich durch die Zauberkugel laufen.

Meine Mama sagt stets, wenn ich zu Hause in meinen Yogaleggins ungeschminkt im Schneidersitz sitze, sehe ich immer noch aus wie ein kleines Mädchen. Wenn mir jedoch für den Auftritt ein Make-up-Artist ein Gesicht und eine Löwenmähne zaubert und ich mir meine Moderationskarten schnappe, verwandle ich mich in eine „Grande Dame". Vorhang auf und Bühne frei.

Nach dieser erfolgreichen Show in der bayrischen Landeshauptstadt kam ich spät abends mit einem Blumenstrauß zurück, der viel zu groß war, als dass ich ihn hätte im Van transportieren können.

Was für ein Leben: Vom Campingplatz ins Abendkleid und von der Bühne zurück ins Grüne.

Im Campervan hockte mein Katerchen noch genau an dem Fleck, wo er saß, als ich frühmorgens gegangen war; nämlich in einer Schublade vom Küchenschrank, den ich quasi als Badezimmerschrank für meinen Kulturbeutel auserkoren hatte. Das sah zwar sehr gemütlich aus, doch als Katzenmami zerbrach es mir schuldbewusst das Herz. Es tat mir schon leid, dass ich in München den ganzen Tag unterwegs war – seit morgens zur Probe bis spät abends, weil die Veranstaltung so lang ging. Andererseits schlafen Katzen enorm viel, mitunter 16 Stunden am Tag, daher machte ich mir tagsüber nicht allzu große Sorgen.

Nachts kam er jedoch in Fahrt, miaute und kratzte an der Tür. Ich weiß auch nicht, was er draußen erwartete. Ich denke, er musste sich erst noch an das Leben im Van gewöhnen.

Leider rührte er sein Futter in den zwei Tagen in München kaum an. Ich wägte ab, ob ich nicht doch noch einmal umdrehen und ihn bei meinen Eltern unterbringen sollte. Doch ich dachte mir, bei Kindern spricht man immer von der „Eingewöhnung" im Kindergarten und das dauert seine Zeit. Daher nahm ich mir vor, ihn mit auf meine erste Fahrt zu nehmen, die sollte genau zwei Wochen dauern, denn am Ende sollte ich bereits wieder einen Auftritt in München haben. Wenn er bis dahin das Reisen nicht mochte, würde ich ihn nie wieder mitnehmen. Das versprach ich ihm in die Pfote.

Eigentlich hätte ich anschließend an die Preisverleihung sogar noch eine Messe-Moderation in München gehabt. Es war eine heikle Sache mit so vielen Menschen, ob wir uns womöglich anstecken würden. Noch in den Proben der Preisverleihung liefen die ganze Zeit die Telefone heiß, doch es hieß: „Diese Veranstaltung findet statt." Während der Preisverleihung wurde der Job für den nächsten Tag dann doch gecancelt. Ich war heilfroh, dass überhaupt die Modenschau stattgefunden hatte.

Dass das Event am nächsten Tag nicht stattfinden konnte, bescherte mir zwar einerseits eine Absage, andererseits aber einen weiteren Tag im Ausland, den ich zum Fahren gut gebrauchen konnte, denn ich hatte ein fernes Ziel: vom bayrischen München ins 2.300 Kilometer entfernte andalusische Malaga. Und so brachen wir gemeinsam am nächsten Morgen auf: Flynn, mein Campervan namens Gypsy und ich.

Die erste Fahrt ins Ausland

An sich wollte ich im März irgendwohin reisen, wo es wärmer als in Deutschland ist. Italien kam mir als Erstes in den Sinn. Doch Südtirol war zu diesem Zeitpunkt schon gesperrt, weil ein Virus angefangen hatte uns in Atem zu halten. Daher entschied ich nach Spanien zu reisen, genauer gesagt nach Andalusien. Spanien kenne ich sehr gut, weil ich ein Jahr zuvor den Jakobsweg gelaufen bin, den Camino del Norte, den Küstenweg über die Pyrenäen und den Camino Primitivo.

Dieses Mal ging es durch Österreich und die Schweiz bis nach Frankreich in Richtung Südspanien. Beim Eintritt in die Schweiz kaufte ich sofort an der erstmöglichen Stelle eine Vignette fürs Auto als Nachweis des fälligen Mautbetrages.

Dieses Learning hatte ich gemacht, als ich für einen Job in die Tschechische Republik reisen durfte, nach Olmütz. Olomouc, wie es auf Tschechisch heißt, liegt nah an der slowakischen Grenze direkt in der Mitte zwischen Prag, Wien und Bratislava und ist von allen Orten circa drei Stunden entfernt. Für mich waren das böhmische Dörfer, also geografisch betrachtet sind es mährische Dörfer. Da ich, anders als die meisten in Ostdeutschland, nicht Russisch- sondern Französisch-Unterricht in der Schule hatte, traute ich mich nicht, beispielsweise nach Prag zu fliegen, um dann weitere zwei Stunden durch Tschechien mit dem Zug zu fahren, aus Angst, meine Haltestelle zu verpassen, weil ich keinerlei Sprachkenntnisse hatte. Also fuhr ich den ganzen Weg von Hamburg aus, übernachtete bei meinen Eltern im Erzgebirge und fuhr durch die Tschechische Republik bis fast zur slowakischen Grenze. Beim Grenzübertritt kaufte ich mir auch ordnungsgemäß meine Vignette.

Auf der Autobahn sah ich um mich herum nur tschechische Autos und irgendwann im Rückspiegel die tschechische Polizei. Sie überholte mich und zog mich raus. Ich sollte ihnen auf einen Parkplatz folgen. Ich war mir meiner Sache sicher, schließlich hatte ich meine Vignette gekauft. Zwei junge Beamte wollten meinen Führerschein und Fahrzeugpapiere sehen. Dann schimpften sie mich in einem sehr guten Englisch aus, dass ich die Vignette hätte ankleben müssen. Wenn ich das gewusst hätte, hätte ich mir diesen Schreck auch sparen können. Nachdem ich das Anbringen des Aufklebers erledigt hatte, durchforschten sie noch meinen Kofferraum. Ich musste sogar meinen Koffer auspacken. Dort waren viele schöne Kleider und hohe Schuhe zu sehen. Natürlich fragten sie mich, was ich in Tschechien machen würde.

Die Frage aller Fragen – wenn ich erkläre, dass ich freiberufliche Moderatorin bin, verstehen das mitunter nicht mal meine Landsleute. Dennoch durfte ich weiterfahren und wir wünschten uns einen guten Tag. „Děkuji!", fiel mir noch von damals ein, wenn wir als Familie über die Grenze fuhren, um Ski zu fahren, anschließend zu tanken und süße Sahne zu kaufen. Ich war wirklich dankbar, dass ich so glimpflich davongekommen bin, denn das Fahren ohne Vignette kann bis zu 185 Euro Strafe kosten.

Ich glaube, in der Situation kam es mir als junge Frau zugute, dass die Beamten junge Männer waren. Ich weiß nicht, ob ein deutscher Geschäftsmann oder LKW-Fahrer mit einer Verwarnung davongekommen wäre. Doch um das nicht in der Schweiz zu testen, hatte ich ordnungsgemäß die Vignette angeklebt.

Ich fuhr tagsüber sehr viel Auto, um Strecke zu machen. Für eine kleine Pause fuhr ich nach Gefühl von der Autobahn ab, denn ich wollte in den Schweizer Bergen den Sonnenuntergang anschauen. Allerdings ging es von der Autobahn recht flott steil bergauf in ein kleines Dorf namens „Oberbipp" und die Gässchen wurden schmal. Da ich mich nicht auskannte, fragte ich einen älteren Herrn in grauer

Arbeitskutte, ob noch ein schöner Aussichtspunkt käme, wo ich auch mit meinem Wagen problemlos hinfahren und umdrehen könne. Er bejahte dies und empfahl mir einfach, geradeaus zu fahren.

Schließlich landete ich an einer Obstwiese mit Apfelbäumen und genoss die Natur mit Blick auf die Schweizer Berge, die von der untergehenden Sonne rötlich angestrahlt wurden. Ich öffnete meine Schiebetür, ging in meine Küche und kramte mir etwas aus dem Kühlschrank. Danach setzte ich mich hin und empfand bereits nach drei Minuten Stille in der Natur – Entspannung.

Die Tür ließ ich die ganze Zeit geöffnet, damit Flynn die Chance hatte, auch eine Pfote auf Schweizer Boden zu setzen. Ich packte ihn seit Fahrtbeginn nicht mehr in seine Transportbox, das könnte ihn nur unnötig stressen. Er konfisziert nun nicht mehr besagte Schublade, sondern eine Truhe unter einer der Sitzgelegenheiten, wo ich meine Sportsachen aufbewahre – bestimmt, weil es dort so gut riecht. Diese Box gleicht von der Größe und Stabilität einer fest verbauten Transportbox für einen kleinen Hund und erscheint mir damit als äußerst sicher für ihn. Die Sitzgelegenheit lasse ich immer einen Spalt geöffnet und er hüpft fröhlich rein und raus oder schläft dort – egal ob wir fahren oder nicht. Er kann auch während der Fahrt aufs Katzenklo gehen. Was für ein Luxus. Ich habe immer über ihn gestaunt, weil ich ihm nicht sagen kann: „Hey, wir fahren los, geh bitte nochmal auf Toilette." Das hat er immer schon großartig gemacht und nun hat er diesen Stressfaktor nicht mehr. Das Autofahren verträgt er so weit gut.

Mein Kater hatte nur eben die Nase hinausgesteckt, als ich plötzlich Schritte hörte. Der alte Mann, den ich nach dem Weg gefragt hatte, lief am Wegesrand auf mich zu in Richtung Wald. Wir kamen kurz ins Gespräch und mit tiefer Stimme sagte er zu mir: „Sie sind mutig." Ich fragte ihn: „Warum?" Er antwortete: „Als Frau allein zu reisen." Ich sagte: „Ich bin nicht allein. Ich reise mit meinem Kater. Und mit

Gott." Der Mann lachte und fragte: „Was hat Sie denn ausgerechnet nach Oberbipp verschlagen?" Ich antwortete: „Meine Intuition." Er lachte erneut: „Sie müssen aber eine gute Intuition haben. Oberbipp zählt erst seit Kurzem zu einem der ältesten Orte der Schweiz. Die erste Erwähnung hat das Dorf aus dem Jahr 866. Doch 2011 wurde eine Granitplatte aus einem Kollektivgrab hier entdeckt, ein Dolmen. Das ist ein Gräbertyp der Horgener Kultur und die Megalith-Anlage stammt aus dem 4. Jahrhundert vor Christus. Das heißt, die komplette Schweizer Geschichte muss umgeschrieben werden." Ich war sichtlich erstaunt und doch auch nicht, denn seit geraumer Zeit höre ich immer mehr auf meinen Bauch und der hat mich wahrlich an einen bedeutsamen Ort geführt.

Wir wünschten uns einen guten Tag und kurz darauf setzte ich mich schon wieder hinters Steuer, denn ich wollte noch etwas Strecke machen, um bestenfalls die französische Grenze zu passieren.

Es wurde langsam dunkel. Während der Fahrt hörte ich Mantras und ommmte mich die Berge auf der Autobahn rauf und runter. Überraschenderweise schob sich ein wunderschöner Vollmond hinter einem Berg hervor, der mir den Weg leuchtete, als ich etwas müde wurde. Just in diesem Moment sprang Flynn auf meinen Schoss und blieb dort für circa 30 Minuten sitzen. Das war ein Gänsehaut Augenblick. Wir waren so verbunden, Flynn und ich mit der Natur und das monotone Surren des Motors auf der Autobahn.

Wir haben dann auf einer Autobahnraststätte Halt gemacht. Nun war er munter und maunzte die ganze Zeit unaufhörlich, er wolle raus. Ich legte mich schlafen. Nachts um 4 Uhr hielt ich es nicht mehr aus und ging mit ihm Gassi. Das soll man nicht machen, weil er dadurch merkt, dass er nur zu miauen braucht, um seinen Willen zu bekommen. Er ist eben der König. Anschließend bin ich direkt um 5.30 Uhr losgefahren, weil ich nicht mehr pennen konnte, er dann aber schon.

Am nächsten Tag fuhren wir weiter in Richtung Südfrankreich. Diese Region kenne ich sehr gut, denn ich war vor vielen Jahren als Au-pair-Mädchen in Tourbes bei Pezenas am Cap d´Agde. Es brachte mir prächtig Spaß, auf den Spuren meiner Au-pair-Zeit zu wandeln in Marseille, Montpellier und Séte. In Marseille hatte ich die Idee, mit dem Campervan durch die Altstadt zu fahren. Das habe ich dieses eine Mal gemacht und werde es in Zukunft nicht mehr machen. Denn die Gassen sind eng und in den Kurven habe ich mit dem 6,50 Meter langen Fahrzeug sehr zu tun, um überhaupt abbiegen zu können. In Zukunft werde ich das Fahrzeug außerhalb der Stadt parken oder auf Campingplätzen und mit den öffentlichen Verkehrsmitteln oder einem Uber in die Stadt fahren.

Mir gefiel der Esprit der Cote d´Azur. Hier übernachteten wir am Strand, auf einem ruhigen Stellplatz am Meer weit ab von anderen Campern. Auch hier machte Flynn Rabatz und kratze das erste Mal an den Fenstern den Sichtschutz ab. Bis zu diesem Zeitpunkt wusste ich selbst nicht, dass das „nur" ein Sonnenschutz ist, der mit einem Stoff überzogen wurde. Ich habe also dank Flynn noch etwas Neues in meinem Auto gelernt.

Auch in dieser Nacht wurde heftig gemaunzt – ich glaube, er war immer noch etwas nervös im neuen Zuhause. Irgendwann kapitulierte ich, nachdem ich die dritte Nacht in Folge selbst kaum schlafen konnte und ließ ihn, nach kurzem Zögern und etlichen Anranzern, einfach raus. Danach legte ich mich gemütlich ins Bett.

Keine fünf Minuten später stand ich im Bett, schob Alarm und suchte meinen Kater. Ich fand ihn draußen im Regen, er wollte ja freiwillig raus, und sammelte ihn wieder ein. Er verstand meine Aufregung nicht und dennoch schliefen wir danach einigermaßen.

Wir fuhren weiter nach Barcelona. Diese Stadt kannte ich von einem Tanz Camp 2004, doch seitdem hatte sich viel verändert. Hier fiel mir auf, dass bereits die ersten Sehenswürdigkeiten nicht mehr begehbar waren und man munkelte, ob nicht bald alles schließen würde, wie in Italien ... Ich konnte mir jedenfalls Barcelona noch zu Fuß anschauen, jedoch hatte ich Schwierigkeiten, eine öffentliche Toilette zu finden, da bereits Cafés und Restaurants geschlossen waren. Die Sagrada Familia hatte ich 2014 schon besichtigt, aber nicht den Guell-Park. Ihn konnte ich zum zweiten Mal nicht besuchen. Alle guten Dinge sind drei, folglich muss ich noch einmal wiederkommen.

Der Campingplatz lag etwas außerhalb, relativ nah am Meer, nur die Straße und Gleise für den Bahnverkehr trennten mich vom Wasser. Diese Konstellation erinnerte mich exakt an Colombo, die Hauptstadt der Insel Sri Lanka. Beim Bahnfahren ist es wunderschön, aufs Meer zu blicken, für Strandtouristen aber störend, wenn dauernd die Züge vorbeidonnern.

Schlaflose Nächte bereitete mir auch mein flauschiger Freund. Aus purer Verzweiflung und wegen meines Schlafentzugs entließ ich Flynn mit seinem GPS-Tracker in die Freiheit. Den Tracker könnte man theoretisch auch tagsüber im Auto liegen lassen, sozusagen als Rückverfolgung im Falle eines Diebstahls. So ganz konnte ich der Sache jedoch nicht trauen und lief ständig per Handy mit, um zu sehen, wo denn dieses Katertier zu finden sei. Das GPS ist schon relativ genau und verfügt über einen Live-Tracker. Einmal soll er angeblich genau neben mir gestanden haben, da habe ich ihn aber nicht gesehen.

Nachts sind alle Katzen grau, auch Flynn Gandalf. Gandalf ist sein Zweitname und so werde ich ihn als Rentner nennen, Gandalf der Graue. Irgendwann war ich müde, krabbelte dann ohne Mieze in die Koje. Später in der Nacht stand Meister Petz quietschvergnügt vor der Tür, kratzte und bat um Einlass. Das war die erste Nacht, in der ich mal halbwegs schlafen konnte.

Ich fuhr danach weiter nach Tarragona. Auch diese Stadt zeigte sich menschenleer und es brodelte unaufhörlich in den Nachrichten. In Tarragona parkte ich das Auto auf einem Parkplatz vor einem Park. Ich spazierte mit Flynn an der Leine durch einen Wald und staunte, wie viel Spaß es ihm doch offenbar machte.

Bei unserer Rückkehr sah ich einen anderen Van auf dem Parkplatz, wo wir zwei Kätzchen kennenlernen konnten. Dort erfuhr ich von den stolzen Katzeneltern, dass die beiden Fellknäuel nachts artig schliefen. Die beiden kamen tagsüber raus und hatten eine lange Leine, wo sie alles rund ums Auto erkunden konnten. Was für eine tolle Idee.

Flynn und die Katzenmädels wurden leider keine Freunde, dafür aber die Katzenbesitzer und ich. Es war ein junges Pärchen aus Frankreich, Vita und Kevin. Sie kamen aus Richtung Portugal und steuerten den Heimweg nach Frankreich an. Sie meinten, die Strände seien bereits gesperrt und sie wollen zurück nach Hause, die Polizei habe alle Menschen mit einem ausländischen Kennzeichen in Richtung Heimweg sofort durchgewunken. Hauptsache, alle Touristen kämen raus aus dem eigenen Land.

Abends gegen 20 Uhr sitze ich auf einer Bank, schaue auf ein wunderschönes Viadukt in Tarragona und bekomme die Nachricht: Deutschland schließt morgen um 8 Uhr die Grenzen …

Was soll ich jetzt tun? Ich weiß, dass ich es keinesfalls in zwölf Stunden zurück an die französisch-deutsche Grenze schaffen werde, nicht mal, wenn ich die ganze Nacht durchfahren würde. Zu dem Zeitpunkt wusste keiner, dass die Grenzen „nur" einseitig gesperrt sind, also hätte man jederzeit einreisen können. Mein E-Mail-Postfach öffne ich schon gar nicht mehr, denn alle anstehenden Jobs und Events fürs gesamte Jahr 2020 sind bereits gecancelt. Allein die Maut für Frankreich kostet um die 150 Euro, zusätzlich das Spritgeld, das ich bis hierhin schon ausgegeben habe. Nun soll ich in Spanien, gerade angekommen, sofort umdrehen und noch einmal diese Kosten tragen, um dann den frisch gekauften Campervan auf dem Garagenhof meiner Eltern zu parken, da ich meine Wohnung zwischenvermietet habe? Gleichzeitig werde ich in Deutschland als freiberufliche Moderatorin für Events und Messen erst einmal nicht arbeiten können. Endstation.

Zusammengefasst hätte ich die Möglichkeit, zurückzufahren, ohne zu wissen, ob ich überhaupt nach Deutschland reinkomme, um dann als 31-jährige Frau für eine unbekannte Anzahl an Wochen bei meinen Eltern zu wohnen …

Das ist nicht gerade das, was ich mir gewünscht habe. Denn ich habe gerade frisch die Trennung einer 10-jährigen Beziehung hinter mir und brauche Zeit zum Nachdenken, allein.

Ich sitze also in Tarragona und fühle mich wie bei „Wer wird Millionär". Du hast einen Telefon-Joker. Welchen wählst du? Je nachdem, wen du anrufst, wird er dir x oder y raten.

Durch welche Tür möchtest du gehen?

Tausend Gedanken schwirren durch meinen Kopf. Nach reichlicher Überlegung ist die Entscheidung gefallen: Ich bleibe in Spanien, die Reise geht weiter. Wenn ich schon „zuhause" bleiben muss, dann wenigstens mit Meerblick. Manchmal habe ich das Gefühl, wenn alle sagen „Du kannst das nicht machen", bin ich ein Sturkopf und beweise ihnen das Gegenteil. Jetzt erst recht.

Nun, da du mich näher kennst, kannst du dich mit mir auf die Reise begeben. Schnall dich an und lehn dich zurück.

Stehzeug in Malaga

Ich habe mich also entschieden, zu bleiben. Denn in den nächsten Wochen würde ich in Deutschland weder arbeiten noch reisen können. In Windeseile suche ich mir via Smartphone einen Campingplatz in Malaga und buche ihn für drei Tage. Vielleicht ist dann absehbar, wie es weitergeht. Ich möchte zumindest sein, wo es warm ist und das ist es in Andalusien mit 20 Grad Tagestemperatur im März. Hals über Kopf stürze ich los. Die letzten Tage habe ich schon gut Kilometer gemacht und vor mir liegen gute zehn Stunden Autofahrt. Ich fahre durch die Nacht, auf der Autobahn steht bereits auf Anzeigetafeln in großen Lettern: „Reisen verboten und nur gestattet, wenn es notwendig ist." Mein Spanisch ist zwar rudimentär, aber das habe ich verstanden. Ich würde dennoch mit den Behörden rumstreiten, dass es für eine Nation doch machbar sein sollte, den Text wenigstens auch auf Englisch anzuzeigen. Ohne Vorkommnisse stehe ich morgens um 7 Uhr in Malaga, der Campingplatz öffnet erst um 10 Uhr. Daher drehe ich noch eine Runde und nehme ein Frühstück an einem Parkplatz am Strand ein. Dass dies das einzige Strandfrühstück sein wird, konnte ich zu diesem Zeitpunkt noch nicht ahnen.

Um 10 Uhr fahre ich zum Campingplatz. Maria von der Rezeption wollte mich gar nicht reinlassen, doch als ich meine Buchung und Zahlung per Kreditkarte vorweise, darf ich einfahren. Wahrscheinlich wäre der Rückbuchungsaufwand zu groß gewesen und im Prinzip sind sie froh über jeden Camper, der zahlt, denn der Campingplatz ist für circa 80 Wagen zugelassen und nur noch halb gefüllt. Ich bekomme einen Stellplatz in der ersten Reihe mit traumhaftem Blick aufs Meer, die Nummer fünf, die Lieblingszahl meines Bruders. Daniel hat am 5.12. Geburtstag und er ist 5 Jahre älter als ich. Da ich abergläubisch bin, deute ich es als ein gutes Omen.

Ich parke meinen Wagen rückwärts ein. Das hat zwei Vorteile. Zum einen kann ich nachts immer schnell wegfahren, so macht es wohl auch das Militär und zum anderen kann ich meine Flügeltüren hinten öffnen und vom Bett aus das Meer bestaunen. Sobald ich meine Seitentür öffne, sehe ich den Stellplatz meines Nachbarn Hannes. Der steht andersherum, also mit der Schnauze zum Meer, somit stehen wir vis-à-vis. Hannes reist mit seinem Golden Retriever Mozart, kommt aus Deutschland, sogar auch aus Hamburg, ist Unternehmer und arbeitet ebenfalls als digitaler Nomade. Er ist schon viele Jahre in Spanien. Wir gehen direkt eine Runde Gassi an den Strand und er erzählt mir von einigen Fahrten. Abends wollen wir gemeinsam kochen. Dafür muss ich erst einmal einkaufen und zwar zu Fuß, denn wenn der Campervan erstmal steht, dann ist er ein Stehzeug. Ansonsten müsste ich alles immer „fahrsicher" verstauen, das heißt: Alle Fenster schließen, Strom abstecken, sämtliche Schubladen schließen und alles wegräumen, was sonst in einer Küche rumsteht wie zum Beispiel der Wasserkocher.

Den Stress spare ich mir und nutze die Gelegenheit, um an der Promenade entlang zu schlendern. Ich staune nicht schlecht, als ich eine ausgestorbene Stadt vorfinde, wie aus einem alten Filmset, das ist schon fast gruselig. Wir dürfen nur zum nächstgelegenen Supermarkt laufen, das kontrolliert sogar die Polizei. Siehe da, wenn man vom Teufel spricht. Als ich einen Kreisverkehr überqueren möchte, werde ich in barschem Ton, ausschließlich auf Spanisch gefragt, wo ich herkomme. Ich erkläre wahrheitsgemäß: „Vom Campingplatz." Wohin ich möchte, ist die Frage, die sich anschließt. Ich antworte erneut wahrheitsgemäß: „Zum Supersol, dem nächstgelegenen Supermarkt." Zu guter Letzt fragt mich der Polizist, ob ich denn kein Fahrrad hätte, um zum Einkaufen zu fahren, dann wäre ich schneller wieder zu Hause und würde keine Bedrohung darstellen. Ich erkläre ihm, dass ich kein Fahrrad mithabe. Für ausschweifendere Erklärungen ist mein Spanisch zu schwach.

Die Frage ist an sich gut, denn ich hätte gern mein Rad dabei. Nur in meiner Planung, um einen Modepreis zu moderieren und für zwei Wochen als digitaler Nomade in Andalusien zu arbeiten, habe ich nicht an ein Fahrrad gedacht.

Ich darf weiterziehen.

Im Supermarkt trägt niemand eine Maske, jedoch bekommen wir Plastikhandschuhe zum Einkaufen. „Was für eine Umweltverschmutzung", denke ich, als ich den Müllberg hinter der Kasse sehe. Hamsterkäufe gibt es hier nicht, nur was den Deutschen das Klopapier ist, ist den Spaniern der Wein. „In vino veritas est" – im Wein liegt die Wahrheit. Die Regale sind leer.

Als ich vom Einkaufen zurückkomme, erklärt mir Hannes in breitem Norddeutsch, dass die spanische Regierung sogar in der Zwischenzeit einige Campingplätze geschlossen und Menschen nach Hause geschickt hat. Was für eine Ironie, wenn man doch mit seinem Zuhause unterwegs ist, in dem gewohnt, gefahren, geschlafen, gearbeitet und gekocht wird. Da wir nun alle Utensilien beisammenhaben, können wir uns dem Abendessen widmen. Wir kochen Spaghetti Aioli. Hannes mag große Knoblauchstücke, diese Zehen werden bei ihm nur geviertelt. Glücklicherweise, schlafen wir nicht in einem Wagen, sonst wäre der Gestank wohl nicht auszuhalten.

Am nächsten Morgen geht Maria aufgeregt über den Campingplatz von Stellplatz zu Stellplatz und spricht mit jedem Einzelnen. „Wir müssen den Campingplatz schließen", sagt sie in holprigem Englisch. „Was für ein Schock", denke ich. Allerdings dürfen „longterm residents" bleiben, also Menschen, die wirklich in ihrem Wohnwagen wohnen, was bei mir aktuell der Fall ist. Wenn wir bleiben möchten, müssen wir uns bis morgen früh entscheiden.

Draußen vor dem Tor zum Campingplatz auf der Bundesstraße Richtung Malaga stehen sogar Militärsperren, die kontrollieren, dass niemand unbefugt in die Stadt hineinfährt und über uns kreist zudem ein Militärhubschrauber. Das hört sich sehr dramatisch an.

Zugegeben, „draußen" war es schon unheimlich. An den Strand darf ich auch nicht mehr. Allerdings die Hundebesitzer, um mit ihren Vierbeinern eine Runde Gassi zu gehen schon. Einerseits ist das verständlich, andererseits darf ich nicht mal mit mir selbst Gassi gehen.

Als ich vor wenigen Tagen in Malaga ankam, hatte ich alle Jobs, die fürs gesamte Jahr 2020 gebucht waren, verloren. Erneut stehe ich vor der Frage, ob ich nach Deutschland zurückfahre, um meinen Campervan bei meinen Eltern zu parken, um als erwachsene Frau in mein altes Kinderzimmer zu ziehen ohne einen Job in Aussicht. Oder ich bleibe auf diesem Campingplatz, wenigstens im Warmen. So viele Informationen prasseln täglich auf mich ein. Doch nun bin ich einmal hier, ich habe es so weit geschafft, 2.700 Kilometer von zu Hause entfernt.

Mein Fahrzeug bleibt nun ein Stehzeug. Ehrlicherweise muss man sagen, dass die meisten Autos in Deutschland auch 23 Stunden pro Tag oder sogar noch länger Stehzeuge sind und selten benutzt werden. Mein Auto wird zwar auch stehen, mir aber als Wohnraum dienen, ein Wohnmobil halt.

Ich wollte immer ein Haus am Meer haben und nun habe ich mein mobiles Heim, mein Tiny House auf Rädern mit Blick aufs Meer. Ich bin ein sehr positiver, optimistischer Mensch und versuche, aus jeder Situation das Beste zu machen. Ich bin zu dieser Zeit bewusst in Spanien geblieben, ohne Arbeit, ohne weitere Verpflichtungen. Ich

41

brauche diese Zeit, diese Selbstisolation. Als ich den ersten Fuß auf spanischen Boden setzte, hatte ich ein Gefühl: Es war warm und fühlte sich an wie „zu Hause".

Ich bleibe und das teile ich Maria mit.

Die Sanitärgebäude müssen geschlossen werden, doch da ich keine eigene Toilette und kein eigenes Bad in meinem Van habe, bekomme ich sogar einen Schlüssel von ihr und besitze nun eine eigene Nasszelle nur für mich. Geplant waren knappe zwei Wochen Andalusien, geplant waren drei Tage Malaga. Nun bin ich auf unbestimmte Zeit eingecheckt und eingezäunt.

Es gibt kein Zurück, nur das Hier und Jetzt. Das Leben ist das, was passiert, während du dabei bist, alles zu planen. Die jetzige Situation ist eine Ungewissheit für alle Menschen. Ich bin gespannt, was ich erleben darf, denn es hat einen Grund, warum es mich hierhergezogen hat.

Da Flynn den ganzen Tag schläft, bekommt er von all der Aufregung nichts mit. Gut so, einer muss entspannt sein.

Alles passiert aus einem Grund

Viele Reisen haben mich durch die letzten Jahre peu à peu dahin gebracht, dass am Ende die Idee „Reisen im Campervan mit Katze" sich immer mehr in mir festigte. Jede erlebte Story ist ein Puzzleteil.

Backpacking & Safari

Ich habe Backpacking-Reisen durch Asien unternommen, habe dort in billigen Hostels geschlafen und gelernt, mit sehr wenig Gepäck zu reisen. 2017 habe ich eine Safari in Afrika gemacht. Hierbei gab es zwei Optionen: schlafen in einer Lodge oder, die günstigere Variante, schlafen im Zelt. Auf Grund der Kosten habe ich Variante zwei gewählt, das waren immerhin 800 Euro Unterschied bei einer 14tägigen Reise. Diese Zelte wurden vom Veranstalter zur Verfügung gestellt, das waren richtig dicke Armeezelte. Ein Löwe hätte da schon ordentlich kratzen müssen.

Allerdings machten mir damals die Hyänen mehr Angst. Denn wenn die im Rudel jagen, dann tun sie das um des Jagens Willen – es ist für sie ein Spiel und sie können einen zu Tode „spielen". Ein Löwe ist da pragmatischer, er reißt sein Maul auf und bedeckt damit Mund und Nase seiner Beute, wodurch sie relativ flott erstickt. Ich konnte jedoch gelassen im Zelt schlafen, schließlich hatte ich eine Gruppe und zwei Guides dabei.

Roadtrip Australien

Ein Jahr später, 2018, war ich in Australien und machte einen Roadtrip. Ein Kumpel wollte in Australien bleiben und arbeiten. Er kaufte sich einen Pickup, der eine umklappbare Rücksitzbank besaß, die man zur Schlafstätte herrichten konnte, sowie im Kofferraum eine selbstgebaute Küche mit Schubladen und einem Campingkocher. Fünf Wochen tourten wir zusammen durch Westaustralien mit Coral Bay und Shark Bay, wo wir fantastische Korallen, Schildkröten, Manta- rochen und Wale beobachten konnten. Wir wanderten durch die Schluchten des Karijini Nationalparks, wo wir nachts alle 30 Sekunden Sternschnuppen sahen, denn die nächste Stadt ist 800 Kilometer entfernt und dadurch ist die Lichtverschmutzung sehr gering. Das wäre so, als führe man von Flensburg nach Freiburg, ohne zwischendurch auf Siedlungen zu treffen. Wir fuhren nach Esperance, wo die Kängurus am puderzuckerweißen Strand rumhüpfen und besuchten eine Freundin in Margret River, eine Weinregion in Australien.

Für mich war das eine der schönsten Reisen meines Lebens. In der Natur schlafen zu gehen, wenn es dunkel wird (gegen 20 Uhr), morgens den ersten Kaffee an der frischen Luft zu nehmen und das Meer zu beobachten, bedeutet für mich pure Freiheit.

Den Höhepunkt bildete eine Schnorcheltour, wo wir Buckelwale gesehen haben. Normalerweise sind die im November schon in wärmere Gefilde gezogen, doch einige waren noch da. Unser Kapitän erspähte welche und fragte uns, ob wir ins Wasser wollten. Einmal durften wir jedoch nicht ins Wasser, denn dort buhlten zwei Männchen um ein Weibchen, das wäre zu gefährlich gewesen. Später fanden wir einen geeigneten Spot. Unsere Guides erklärten, dass wir vorsichtig ins Wasser gleiten und unsere komplette Gruppe sich im Wasser wie auf einer Linie positionieren sollte, damit wir einen großen Fisch imitieren würden. Außerdem wurden wir eingewiesen, immer auf die Guides zu achten, wohin sie zeigen, denn obwohl es so aussieht, dass sich Wale langsam bewegen, sind sie doch ganz schön fix im kühlen Nass unterwegs und es kann sein, dass der Wal in einer Sekunde da ist und in der nächsten schon wieder fort. Wir glitten also vom Heck des Schiffes ins Wasser und vor mir war ein 20 Meter großes Walweibchen mit seinem Baby zu sehen. Es war so ein unbeschreibliches

Gefühl, dass ich am liebsten vor Freude geschrien hätte. Das ging natürlich nicht, weil ich einen Schnorchel im Mund hatte. Die Moderatorin blieb sprachlos.

Wanderreise Jakobsweg

2019 lief ich den Jakobsweg, wo ich sechs Wochen lang nur die allernötigsten Sachen auf meinem Rücken trug. Als ich vor einer Herberge saß, fiel mir ein Mädchen auf. Sie stieg aus ihrem Van, ihr Hund hopste heraus und sie gab ihm in einer Schüssel etwas zu trinken. Dabei erhaschte ich einen Blick in ihren Wagen, der ziemlich hippiemäßig eingerichtet war; große bunte Kissen, eine weiße Decke mit Kordeln, viel Holz und eine Lichterkette hinter den Türen. Ein richtiges Gefährt im Boho-Stil. Ich weiß nicht warum, aber meine Aufmerksamkeit lag auf ihr. Sie hatte blonde Haare, braun gebrannte Haut und diesen Handtaschenhund. Sie ist mir bis heute in Erinnerung geblieben. Sie schien so glücklich zu sein.

Mein Mantra auf dem Jakobsweg lautete: „Trust the Camino." Das Vertrauen in den Weg, in Gott und in das Leben habe ich auf dem Weg gefunden. Eine meiner wichtigsten Erkenntnisse lautet, dass die Reise immer weiter geht. Selbst wenn wir den Nullpunkt in Finisterre, am sogenannten Ende der Welt, passieren, müssen wir bei der Rückkehr zum Apartment erneut beim Nullpunkt vorbei und starten eine neue Reise. Jedem Ende wohnt ein Anfang inne.

Extreme von Amerika bis Kanada

So führte mich meine Reise Januar 2020 nach Amerika und Kanada. Schon am Flughafen bei der Sicherheitskontrolle stand hinter mir ein Pärchen, das mit seinen zwei Katzen flog. Die Katzen mussten dabei aus dem Transportkorb herausgeholt werden und wurden auf dem

Arm ihres Frauchens durch den Körperscan getragen. Die Transportbox wurde durchleuchtet, danach durften die Fellknäuel wieder ins Transportbehältnis. Die beiden Katzen haben das klasse gemeistert. Als ich das sah, dachte ich: „Das würde mein Kater Flynn niemals machen." Ich habe ihn auch nie im Zug mitgenommen. Aber das mit dem Autofahren, das hat er von Anfang an prima hinbekommen. Bei einem Suchportal im Internet hatte ich damals einen Radius von 200 Kilometern eingegeben und irgendwie hatte er es geschafft, den Filter auszutricksen und sich zu zeigen, obwohl sein Heimatstandort Nürnberg war. Als ich ihn gesehen habe, war ich schockverliebt und musste ihn haben. Es gibt keine Zufälle. Augenblicklich hatte er sich auf seinen Samtpfoten in mein Herz geschlichen. Er hat sich wohl gedacht: „Wenn sie schon mit mir reisen will, dann muss sie mich wenigstens holen!" Gesagt, getan. Zur Eingewöhnung hatte ich ihn bei meinen Eltern im Erzgebirge, wo die mondäne Katze urlaubt, wenn ich längere Zeit auf Reisen bin, wie zum Beispiel dieses Mal in Amerika.

Auf dieser Reise hatte ich mir ein Auto geliehen, bei dem sich, ähnlich wie in Australien, eine umklappbare Rücksitzbank zur Matratze umfunktionieren ließ. Auch hierbei befand sich die Küche im Kofferraum. Schon am zweiten Morgen lernte ich Lynn kennen, die mir netterweise aushalf, weil ich mein Wasser mit dem Campingkocher bei starkem Wind nicht erwärmen konnte. Sie bot mir an, das Wasser in ihrem Wohnmobil zu kochen. Nach einer Weile war das Wasser fertig und sie fragte mich, ob wir direkt zusammen frühstücken wollten. Das bejahte ich und nahm meine Frühstücksutensilien mit zu ihr. Als ich ihren Wagen betrat, ging mein Herz auf. Es war ein brandneues Gefährt ähnlich wie ein „Hymer" in Europa. Es hatte eine moderne Küche mit schwenkbarem Wasserhahn, einen klappbaren Tisch zum Arbeiten und Wegklappen beim Schlafen, eine Sitzecke, die sich als Bett umbauen ließ und ein Mini-Bad, wo jeder Zentimeter perfekt ausgenutzt wird. Etwas anderes erhaschte jedoch meine Aufmerksamkeit – ihre Yogaflaggen, die im Wind flatterten.

Der Kofferraum besaß, ähnlich wie bei einem Lieferwagen, Flügeltüren, die weit geöffnet waren. Wir schauten aufs glitzernde Meer, die Sonne schien, wir lauschten dem Meeresrauschen und den Möwen und im Wind wedelten die Flaggen, die sie von einem Türgelenk zum Nächsten gespannt hatte. Vor lauter Schönheit musste ich mich erst einmal hinsetzen und durchatmen. Ich war so gerührt, mir standen Tränen in den Augen und mein Herz hüpfte. Genau so etwas konnte ich mir für mich vorstellen. Ich wäre vom Fleck weg damit losgefahren.

Lynn war ungefähr 45 Jahre jung und hat sogar zwei Kinder, die schon erwachsen sind. Ich fragte sie, was sie macht und sie erzählte mir, sie sei freiberufliche Fotografin. Daher kann sie gut reisen und im mobilen Office arbeiten, überall. Wir aßen Müsli mit Erdbeeren und unterhielten uns bei Kaffee über Gott und die Welt, zum Beispiel über Milch-Alternativen. Denn wir tranken nicht nur beide Hafermilch, sondern nutzten sogar die gleiche Marke. Dann sprach sie von ihrer geschiedenen Ehe: „Weißt du, ich war alles: Mutter, Liebhaberin, Freundin, Putzfrau, Hure; ich war alles, nur nicht ich selbst. Je mehr ich für andere da war, desto mehr verließ ich mich. Da war keiner zu Hause. Die Ehe war nicht mehr zu retten, irgendwann kommt der Punkt, da muss man das Nicht-Richtige beenden."

Wie wahr, dachte ich, denn sie erzählte meine Geschichte. Wir kamen vom Hundertsten ins Tausendste, sprachen über Bücher wie „Die drei Fragen: Wer bin ich, was ist real und was ist Liebe" von Don Miguel Ruiz. Wir plauschten mehr als vier Stunden, bis Personal vom Campingplatz kam und mich fragte, ob ich noch eine Nacht verlängern möchte. Das hätte ich zwar gewollt, andererseits hatte ich einen straffen Zeitplan, denn insgesamt wollte ich mir innerhalb von zwei

Wochen Kalifornien und den Grand Canyon anschauen (der liegt in Arizona, Geografie-Experten bekommen jetzt ein Bienchen), das sind 2.300 Meilen, also circa 3.700 Kilometer. Daher entschied ich mich zum Weiterreisen, nicht aber ohne den Austausch unserer Kontaktdaten und einer festen Umarmung. Damit wir uns im Internet wiederfanden, gab sie mir eine Visitenkarte. „Weißt du, auf der Rückseite jeder Visitenkarte steht ein Spruch, den ich gern mit dem Menschen in Verbindung bringe. Dir gebe ich diese Karte." Auf meiner Karte stand: „Everything happens for a reason."

„Alles passiert aus einem Grund."

Diese Karte hatte ich auf meinem Kalifornien-Roadtrip am Schlitz der Lüftung meines Mietwagens befestigt, damit ich sie die ganze Zeit sehen konnte. Heute hängt die Visitenkarte auch an einem Lüftungsschlitz, nämlich an dem von meinem Campervan, den es im Januar 2020 auf dieser Reise noch nicht gab, der sich aber alsbald in meinem Leben befinden sollte. Besser gesagt, das Leben führte ihn zu mir.

Den Abschluss dieser Reise bildete die Moderation in San Diego auf der IPC Apex Messe. Für diesen Kunden bzw. deren Mutterkonzern arbeite ich bereits seit 2018. Ich moderierte in Deutschland auf Deutsch und Englisch und lernte eines Tages den amerikanischen CEO Bill kennen. Der fragte mich, ob ich sowas auch weltweit machen würde, denn sie hätten ebenfalls eine Messe, wo er sich das vorstellen könne. Ich bejahte wahrheitsgemäß und er sprach direkt davon, mich einfliegen zu lassen.

Ich freute mich, dennoch blieb ich höflich distanziert, da ich weiß, wie überschwänglich Amerikaner im Aussprechen von Einladungen sind. Nach der Messe habe ich mich zwar noch einmal gemeldet, aber dann nichts weiter gehört. Wie schon erwähnt, bin ich 2019 den Jakobsweg gelaufen, ohne meinen Laptop im Gepäck und habe meine Mails alle zwei bis drei Tage auf dem Handy gecheckt. Da ich zu der Zeit ziemlich die Nase voll hatte von Stress, schnellen Angeboten meinerseits und keiner Antwort kundenseits, antwortete ich auf Anfragen kurz angebunden mit ein paar Zeilen: „Hallo, ja ich habe Zeit, das sind meine Referenzen, das ist der Preis, ja oder nein, friss oder stirb." Und zu meiner Überraschung bekam ich viele Zusagen. Wenn man selbst keinen Druck aussendet, dann bekommt das Gegenüber keinen Druck zu spüren und bucht. So einfach ist das.

In diese Zeit fiel auch die erneute Kontaktaufnahme von Bill, nur dass ich das nicht mitbekommen hatte. Per Mail meldete sich die deutsche Marketingchefin und sagte: „Janine, was machst du, wo bist du? Bill will dich für Amerika buchen. Melde dich bitte bei ihm." Ups, das sollte nun wirklich flott gehen, nicht so wie ich auf dem Jakobsweg im Schneckentempo unterwegs. Als die Ruhe in Person arrangierte ich einen Videocall und Carlos, der technische Leiter, fragte mich, was ich an Technik zum Moderieren benötige und wann ich am Probentag erscheinen bzw. wann ich anreisen würde. Ich sagte ihm, dass ich mich total geehrt fühle, dass er so weit in der Planung ist, aber bevor ich einen Flug buche, möchte ich schon gern eine schriftliche Bestätigung haben, denn wir sind ja noch im Angebotsprozess. Carlos sagte: „Ach so, für mich war klar, dass du kommst." Ich grinste von einem Ohr zum anderen und machte eine Woche später alles fest.

Im Vertrag verhandelte ich, dass mir die Firma die Reisekosten/Flugkosten pauschal bezahlt, also dass ich nicht an einem bestimmten Tag hin und herfliege, sondern mir die Flüge selbst organisiere, zu dem tagesaktuellen Preis, den sie für die Flüge für mich gezahlt hätten. So schaffte ich es nämlich, dem kalten Deutschland zu entfliehen und ins winterliche Kalifornien zu fliegen, das auch im Januar mit 20 Grad Celsius lockt. Meine selbstorganisierte Reise startete in New York, wo ich sechs Tage mit meinem Bruder Daniel in einem Airbnb in Manhattan residierte.

Anschließend flog er nach Deutschland zurück und ich weiter nach Kanada (im Winter!). Dort bewunderte ich die Montmorency Wasserfälle, wo man direkt drüber steht und spektakulär runtergucken kann. Die fand ich deutlich spannender als die überbewerteten Niagara-Fälle, wo man sich gefühlt sehr weit weg vom Wasser befindet. Ich pflegte mein Französisch in Montreal und Québec, wo ich in einen echten Blizzard geriet und wir drei Tage eingeschneit waren. Mit 140 Räumfahrzeugen haben die das Schneechaos ziemlich gut im Griff, denn in ihrer Stadtverordnung ist festgehalten, dass die Stadt innerhalb von zwei Stunden schneefrei sein muss. Dafür fahren LKW sogar nachts den Schnee aus der Stadt hinaus. Busse und Bahnen fahren auch bei Schnee und sind erstaunlicherweise überpünktlich. Von der Ostküste flog ich zur Westküste nach Vancouver und einige Tage später weiter südlich nach Los Angelos, der Stadt der Engel, um dort meinen Roadtrip zu beginnen.

Nach meinem sechswöchigen Reiseabenteuer war ich tiefenentspannt und wackelte mit meinem Rucksack und Flipflops ins Fünf-Sterne-Hotel in San Diego. Ein Portier fragte mich, ob er mir bei meinem Gepäck helfen könnte. Bei allem Respekt, ich habe den Rucksack sechs Wochen auf meinem Rücken getragen, ich brauche keine Hilfe dabei, ihn in mein Zimmer zu bugsieren. Nachdem ich mit dem Fahrstuhl in den 34. Stock gefahren war und mein Zimmer betrat, hatte ich zum zweiten Mal auf dieser Reise den Herzöffnungsmoment: Ich hatte ein „Corner Room" bekommen, also ein Zimmer über Eck, wo ich aus beiden großen Fensterfronten vom Bett aus aufs glitzernde Meer und die Bucht von San Diego schauen konnte. Es gab sogar zwei Kingsize Betten im Raum.

Ich machte mich kurz frisch für die Probe. Es ist echt schwer, wenn man so tiefenentspannt ist, wieder in der Arbeitswelt anzukommen. In Deutschland hätte ich weder im Pilger-Outfit ein Fünf-Sterne-Hotel betreten, noch hätte ich im Traum gedacht, mit Flipflops auf eine

Messe zu gehen. Nach kurzer Überlegung tauschte ich die Flipflops aber doch lieber gegen Ballerinas, um wenigstens einigermaßen seriös auszusehen. Ich trage beruflich gern Kleider und Business-Outfits, privat mag ich aber meine Yogaleggins. Der Wechsel war in der Situation ziemlich radikal. Besser wäre es andersrum gewesen, also erst arbeiten, dann reisen, aber ich mache das immer abhängig von anderen Veranstaltungen und im Februar warteten weitere Jobs in Deutschland auf mich.

Ich betrat die Messehallen, das Convention Center von San Diego und war baff. Ich kenne den Aufbautag auf deutschen Messen: Da ist alles laut, Gabelstapler fahren, hupen, überall wird hektisch etwas montiert, alles liegt in den Gängen rum, man läuft zickzack vorbei an Paletten und kollidiert dabei mit umherfliegenden Folien: „Ui, wie soll das bis morgen fertig sein?", fragt man sich da, wenn man 17 Uhr die Messe verlässt. Meist funktioniert das nur, weil alle Techniker eine Nachtschicht einlegen. Umso erstaunter war ich, als ich in San Diego eine entspannte Atmosphäre auf der ganzen Messe vorfand. Wir probten in aller Seelenruhe. Mein Kunde sagte: „Morgen ist der erste Tag, da kannst du auch eine Stunde später da sein." Bitte was?! „Ja, die Kunden kommen eh erst gegen Mittag." Okay.

Neben der Ruhe am Aufbautag wunderte ich mich auch über die Zählweise der „Leads" auf amerikanischen Messeständen. In Deutschland findet die Erfassung nur bei qualifizierten Gesprächen statt. Bei den Amerikanern wird jedes Badge, also jedes Bändchen gescannt und als „Lead" erfasst, von jedem, der über den Messestand läuft.

Der Aufbautag der Messe wurde übrigens zwei Tage vor den Messestart gelegt, denn dazwischen lag noch der Superbowl und der ist den Amerikanern heilig. 2020 spielten die Kansas City Chiefs gegen die San Francisco 49ers. Auf die Frage, ob ich mit zuschauen wollte, antwortete ich natürlich mit Ja, denn für mich war es ein kulturelles Ereignis, außerdem wollte ich die Halbzeitshow sehen.

In ganz San Diego gab es kein Restaurant, was nicht ausgebucht war. Unsere Gruppe bestand aus circa 30 Menschen. Als die National-hymne erklang, standen die Amerikaner auf, nahmen ihre Cappys ab, legten ihre Hand aufs Herz und sangen aus Leibeskräften mit. Als die Hymne zu Ende war, gab es ein Gegröle in der ganzen Bar. Standes-gemäß gab es Pommes, Burger und Chicken Wings (nicht für mich, da ich vegetarisch lebe. Ich aß schlichtweg Pommes und Nachspeise). Endlich kam die Halbzeitshow. Mit Shakira und J.Lo hatten sie zwei Pop-Diven engagiert. Ich musste dennoch peinlich berührt zur Seite schauen, als Jennifer Lopez breitbeinig auf die Kamera zugeschliddert kam. Das war für meinen Geschmack doch etwas zu sexistisch.

Ich fragte Carlos in der Pause, da San Francisco im Finale stand, ob es zu Unruhen, vielleicht sogar zu Schlägereien in San Diego nach dem Spiel kommen könnte, vor allen Dingen, wenn San Francisco gewin-nen würde. Er fragte mich, warum sich Menschen schlagen sollten? Die Menschen hier würden sich freuen, weil San Francisco doch eben-falls in Kalifornien liegt. Ich schilderte ihm, wie es in Deutschland beim Fußball wäre, wenn die Mannschaft der gleichen Stadt im Finale gewinnen würde. Die ganzen HSV-Fans würden sich wahrscheinlich nicht freuen, wenn St. Pauli gewinnen würde, „nur", weil beide Mannschaften aus Hamburg kommen und umgekehrt. Andere Län-der, andere Sitten.

Das Spiel und auch mein Job auf der Messe liefen hervorragend und wir verabredeten per Handschlag, dass ich auch 2021 wieder dabei sein würde. Somit war mein Auftrag in Kalifornien erfüllt.

Im Februar 2020 flog ich zurück nach Hamburg und zwar schneller, als mir lieb war. Denn der Flieger flog durch das Sturmtief Sabine. In Rekordzeit überquerten wir den Atlantik. Damit nicht genug. Die nicht geglückte Landung in London führte zu einem Umweg über Oslo. Von Oslo habe ich mir den einzig möglichen Flug nach Deutschland gebucht, nach Berlin. Den musste ich selbst zahlen, da er von einer anderen Airline war. Aber eine Nacht in Oslo zu verbringen, um dann erst nach London zu fliegen und mich um den Anschluss nach Hamburg zu kümmern, waren mir zu viel. Also flog ich von Oslo nach Berlin und dann mitten in der Nacht noch mit dem Flixbus nach Hamburg.

Wer Hamburg kennt, weiß, wie das Wetter dort im Februar ist, nämlich so wie seit November: kalt, nass, regnerisch und windig. Einige Tage später saß ich morgens auf meinem Meditationskissen und dachte: „Wann kann ich wieder reisen? Hmm, im Sommer." Und dann dachte ich: „Nein, JETZT!"

Alles passiert aus einem Grund und im Grunde hat mich alles in meinem Leben genau an diesen Punkt gebracht. „Connect the dots" – verbinde die Punkte. Wenn man darauf achtet, ergibt alles einen Sinn. Das Leben wird vorwärts gelebt und rückwärts verstanden.

Begegnungen – meine Community

Ich hörte auf meine Intuition, die gesagt hat, ich solle bleiben. Seit ich 2019 den Jakobsweg gelaufen bin, höre ich viel mehr auf meine innere Stimme. Ich dachte, ist es nicht unglaublich, dass ich so schnell einen Campervan gefunden habe, alles wie am Schnürchen läuft, sogar der ganze Papierkram.

Wenn ich nur einen Tag später das Auto angemeldet hätte, wäre ich von Hamburg mit dem Zug nach München gefahren und hätte erst danach das Auto abgeholt, sodass ich meine Tour gar nicht erst angetreten hätte. Dann komme ich noch bis auf den Campingplatz in Malaga und soll umdrehen?! Das ergäbe keinen Sinn. Alles hat mich sozusagen spielerisch nach Malaga geführt. Alles geschieht aus einem Grund und wenn man sich dem Fluss des Lebens hingibt, dann führt dieser zu den Dingen, die man erleben darf, soll oder will. Das ist Synchronizität und spiegelt sich auch in den Begegnungen mit den Menschen um einen herum wider.

Auf dem Campingplatz kann ich nicht viel machen. Ich stehe auf, mache Yoga, meditiere, trinke meinen Kaffee und koche. Der Gang, um das Wasser zu wechseln, oder zum Einkaufen sind willkommene Abwechslungen.

Obwohl sich der graue Pelz meist nur abends zeigt, habe ich durch Flynn überhaupt erst meine Weggefährten kennengelernt. Denn jeden Morgen mache ich das Katzenklo sauber (der frisch gebackene Freigänger kommt zum Geschäft erledigen natürlich nach Hause), und dabei haben mich schon ganz viele angesprochen. „Was, du hast eine Katze? Wusste ich gar nicht." Und so kommen wir ins Gespräch. Wahrscheinlich ist das ähnlich wie bei Hundebesitzern.

Peter, der alte Schwede, ist gerade auf dem Weg zum Waschraum, als er mich vorm Katzenklo hocken sieht. Er schlägt die Hände zusammen und sagt mit einem langgezogenen: „Oh, du hast eine Katze. Ich nämlich auch, aber die ist in Schweden." Wir quatschen eine halbe Stunde, dabei erzählt er mir, dass er früher viel Kautabak konsumiert hat. Nun hat er einen Ohropax unter der Oberlippe, damit er weiterhin das Gefühl von früher hat. Den zeigt er mir. Dabei schiebt er mit einer Kieferbewegung den Ohropax zwischen die Zähne und ein gelbliches Gebiss mit braunen Streifen klafft mich an. Peter ist Rentner, war früher Techniker beim schwedischen Fernsehen und er besitzt alles an Technik. Wenn ich etwas benötige, gehe ich in Zukunft zu Peter.

Er passt immer auf Marisol und Rumba auf, die beiden Hunde des Yogapärchens David und Lorena, die neben ihm auf dem Platz stehen. Das spanische Pärchen wohnt auf dem Campingplatz. Beide arbeiten eigentlich in Malaga, mittlerweile aber online. Lorena ist Lehrerin für Kunst und David ist Yogalehrer. Davids Vater ist vor Kurzem verstorben und er durfte laut der Verordnung nicht einmal zu seiner Familie nach Granada fahren. Paradox, denn hätte er kein spanisches Kennzeichen gehabt, sondern zum Beispiel wie ich ein Deutsches, hätte er in Richtung Deutschland fahren können, sprich an seiner Familie vorbei. Oder ich hätte bei seiner Familie vorbeifahren können, zumindest geografisch, er aber nicht. An jenem Abend haben wir alle eine Kerze vor unserem Wagen entzündet und mit ihm seines Vaters gedacht. Das zerreißt mir das Herz. Zum Glück ist er nicht allein. Seine Frau und seine Hunde geben ihm Kraft.

Eine gute Seele ist auch Pila. Sie hat einen kleinen Shop in einem Container auf dem Campingplatz und hat sich gerade erst im März damit selbstständig gemacht. Wir unterstützen sie, wenngleich einige Produkte bei ihr durchaus das Dreifache wie im Supermarkt kosten. Mein Wasser hole ich beispielsweise immer bei ihr, denn das möchte ich nicht so weit schleppen, ich habe schließlich kein Fahrrad dabei zum Ärger der spanischen Polizei. Zwischendurch gibt es auch mal ein Eis oder ein Softgetränk, dabei darf ein Schwatz mit ihr auf Spanisch nicht fehlen. Ich hoffe, dass ich meine Spanischkenntnisse in den nächsten Wochen vertiefen werde.

Beim Wasserholen lerne ich Carmen, oder, wie wir sie nennen, Carina kennen. Ich starte einen Smalltalk und spreche sie auf Englisch an. Sie antwortet mir auf Spanisch. Das Gespräch läuft holprig, doch wir wollen uns wiedertreffen und gründen einen „intercultural cambio", einen gemeinschaftlichen, sprachlichen Austausch. So sprechen wir einen Tag nur spanisch, am nächsten Tag wird nur englisch geredet. Sie ist Chilenin und reist mit ihrem Sohn Leon und ihrem Ex-Freund Cristiano, er ist Italiener. Sie wohnen, reisen und arbeiten zusammen. Sie fertigen Armbänder mit der Basteltechnik Makramee. Das haben David, Lorena und ich auch nach wenigen Tagen gemacht. Wir saßen auf dem Boden und haben Armbänder geknüpft. Hier habe ich etwas gänzlich Neues gelernt, was ich noch nie zuvor gemacht habe. Es ist beruhigend und kreativ. Ich trage diese Armbänder sehr gern, sie erinnern mich an unsere gemeinsame Zeit. Kurz nachdem ich Carina kennengelernt habe, erzählt uns Pila, dass David Yogaklassen unterrichtet. Wir laufen zu ihm und machen unsere erste Yogastunde für den nächsten Morgen 11 Uhr klar. Innerhalb von fünf Minuten habe ich vier neue Menschen auf dem Platz kennengelernt, die alle eine Rolle auf meiner Reise spielen werden: Pila, Carina, David und Lorena.

Jeden Abend um 20 Uhr applaudieren die Spanier für alle Menschen, die noch arbeiten und im Einsatz sind. Das sind Polizei, Gesundheitswesen, Feuerwehr, Personen, die im Supermarkt arbeiten und einige andere. Steffen, ein dänischer Autor, geht jeden Abend an den Zaun, schaut aufs Meer und spielt dabei Flöte. Mir gefallen diese Klänge sehr gut, weil sie mich an etwas Yogisches erinnern. Ich frage ihn, wofür er spielt und er meint: „Für die Natur und alle Götter." Er reist mit seiner Frau Wiebke und seiner 20-jährigen Tochter Zalina im Wohnwagen. Beide Elternteile waren früher Akrobaten, sind als Künstler durch die Welt getourt und waren dabei zum Beispiel auch in Hamburg im Ohnsorg Theater. Irgendwann ist Wiebke schwanger geworden, danach haben sie sich in Dänemark niedergelassen und Zalina zu Hause unterrichtet, das ist in Dänemark erlaubt. Als sie größer war, haben sie sich ein Wohnmobil gekauft und sind mit ihr durch Europa gefahren. Ein Kind in einem Campingwagen großzuziehen, das klingt nach sehr viel Freiheit, aber auch nach viel Organisation. Sie verbringen ihre Winter in Malaga, besitzen keine Smartphones, keinen Fernseher (wie ich), spielen viele Instrumente und können sich selbst sehr gut entertainen. Zalina steppt und wäre gern Schauspielerin. Die ganze Familie ist sehr kreativ. Wir führen über spirituelle Themen hochinteressante Gespräche.

Hierzu veröffentlicht Steffen auch Bücher und Beiträge in Dänemark. Er meint zum Beispiel, dass es gar kein Ego gäbe. Das Ego sei bloß ein Gedanke. Wenn dich jemand fragt: „Wer bist du?", dann ist das nur eine Momentaufnahme. Alles, was nach „Ich bin" kommt, ist eine Einschränkung. Wir können tatsächlich jeden Tag ein neues Leben anfangen und ein neuer Mensch sein. Stattdessen gehen wir meist im Kopf durch, wer wir glauben zu sein. Steffen denkt nicht in festgefahrenen Strukturen. So ist es auch bei der Liebe. Sie ist eine Emotion, sie kommt und geht in einem Augenblick. Wahre Liebe lässt frei und benötigt kein Beziehungskorsett. Das hält den Fluss der Liebe fest. Viele verwechseln Liebe mit einer Zweckgemeinschaft. Bedingungslose Liebe erleben die meisten Menschen tatsächlich nur für ihre Kinder oder Tiere. Die meisten Liebesschwüre oder Heiraten sind jedoch meist an Bedingungen geknüpft: „Ich liebe dich, weil oder wenn du xy machst, (ansonsten verlasse ich dich oder habe dich nicht gern)."

Ich sage ihm, dass ich einen Post auf Instagram gesehen habe, da war ein Foto mit einem Baby zu sehen, das hatte einen Barcode auf der Stirn. Es sollte so etwas bedeuten wie: „Zeig mir deine Zahl und ich sag dir, wer du bist." Doch jedes Neugeborene ist pure Liebe. Ein Baby hat keine Identität, bis es mit anderen Menschen in Berührung kommt. Wir werden geprägt von unseren Eltern, die uns nach ihrem besten Wissen und Gewissen erziehen, ebenso unsere Geschwister. Je älter das Kind wird, desto mehr Meinungen kommen von außen hinzu, im Kindergarten, in der Schule, von Freunden, von Lehrern, durch die Medien. Identitäten entstehen allein dadurch, in welchem Land wir geboren werden, welchen Pass wir besitzen, welcher Religion wir angehören oder welche Hautfarbe wir haben. Das sind in gewisser Weise typische Merkmale und Einflüsse. Daraus können Einschränkungen und Glaubenssätze resultieren.

Nach der Trennung meiner langjährigen Beziehung, habe ich viele gesellschaftliche Konventionen, den sogenannten „common sense" hinterfragt. Wer legt uns auf, dass wir mit 30 heiraten, Kinder kriegen und ein Haus haben müssen? Bestenfalls erzählen uns das andere weibliche Mitstreiterinnen, die einen glauben machen wollen, man sei eine schlechte Frau, wenn man keinen Mann hat.

Doch wie viele Menschen verharren in einer Ehe, weil man das so macht? Oder weil sie Angst vor der Ungewissheit haben: Was wäre wenn und was kommt danach?

Fakt ist: Wir können jeden Tag entscheiden. Doch oft wachen wir morgens auf, orientieren uns, wo wir sind und gehen in Gedanken die Vergangenheit durch: Gestern ist xy passiert, deshalb muss ich heute noch traurig sein. Stell dir vor, du könntest jeden Tag neu wählen. Wählst du, was dir guttut oder was dich nach unten zieht?

Du kannst neu wählen. Wie auf einen Reset-Knopf drücken. Das Leben ist letzten Endes wie beim Karneval, wo wir uns ein Kostüm überstreifen und ein anderer Charakter sind. Wir können aufstehen und jeden Tag bewusst ein neues Leben wählen. Tun wir das? Tust du das?

Steffen vertritt die Theorie, dass momentan auf der Welt etwas Höheres passiert, damit viele Menschen mehr nach innen schauen, in Frieden leben und ein besseres Miteinander möglich ist. Man würde sagen, Steffen ist ein richtiger Hippie. Ich mag das.

Auf dem Platz gibt es noch viele weitere Nationen: Neben Deutschen gibt es Italiener, Spanier, Finnen, Schweden, Österreicher, Belgier und Briten. Hier und da bleibe ich stehen und halte beim Abwaschwasser wegbringen einen Plausch, natürlich mit zwei Metern Sicherheitsabstand. Wir sind eine multinationale, multikulturelle Community, eine Wohngemeinschaft mit 38 Personen und jeder Einzelne bereichert unsere Gemeinschaft.

Ich beschäftige mich schon eine Weile mit mir, meinen Beziehungsmustern, Selbstliebe, Familienaufstellung und vielen weiteren Themen zur Persönlichkeitsentwicklung. Braucht man Persönlichkeitsentwicklung? Die Frage ist durchaus berechtigt: Muss sich die Persönlichkeit entwickeln? Die ist ja schon da. Ich nenne es eher Persönlichkeitsentfaltung oder Selbstfindung.

Ich erkenne mich in den Persönlichkeiten anderer wieder. Ich begegne immer nur mir selbst. Es ist, als wären all diese Menschen Abspaltungen meiner selbst und das Universum gibt mir einen Blick in ein Parallel-Leben. Was wäre gewesen, wenn ich damals eine andere Abzweigung genommen hätte?

Résumé – Vorstellung der Camping-Mitbewohner

Carina war acht Jahre mit ihrem Freund zusammen, heute sind sie getrennt, leben aber noch zusammen wegen des gemeinsamen

Kindes Leon. Cristiano erinnert mich an meinen Ex-Freund in vielen Wesenszügen. Sie ist eine alleinerziehende Mutter mit ihrem Kind, lebt mit ihrem Expartner zusammen und hat emotional doch keinen Mann an ihrer Seite.

Pila hat mit großem Mut ihren Shop eröffnet. Sie ist eine Gründerin und hat ein Start-up, im Grunde so wie ich vor zehn Jahren.

Lorena und David sind beide Yogalehrer, David unterrichtet auf einem Campingplatz in Malaga für Menschen in einem Wohnmobil und online seine Schüler, die zu Hause sind. Das ist etwas, was ich mir zeitweise auch für mich vorstellen kann. Wenn es in Hamburg wieder einmal monatelang regnet, könnte ich an einem warmen Ort Yoga unterrichten.

Hannes ist ein deutscher Unternehmer, der mit seinem Vierbeiner seit fünf Jahren im Wohnmobil reist und Frankreich und Spanien wie seine Westentasche kennt. Er leidet sehr unter dem Reiseverbot, steht er doch nie länger an einem Ort als zwei Wochen. Nach einem Tag im Mobile Office liebt er es, einen Sonnenuntergang bei mediterranem Essen und einem guten Wein zu genießen. Uns beiden tut der „echte, soziale Austausch" gut, anstatt nur per Telefon oder Videokonferenz mit Freunden zu sprechen.

Die dänische Familie ist ebenfalls ein Teil von mir. Reisende Künstler im Wohnwagen mit Kind, ein Autor, ein Philosoph – eben eine richtige Hippie-Familie. So etwas könnte ich mir auch in einem Lebensabzweig vorstellen.

Meine Community auf dem Campingplatz ist rasch zu meiner zweiten Familie geworden. Wir geben uns Halt. Vielleicht ist das nicht ganz vorstellbar, dass sich das so schnell entwickelt. Die äußeren Umstände haben uns zusammengeschweißt.

Das Leben in Andalusien ist mein außergewöhnlichster Umstand.

Das fahrende Zuhause als „Revier"

Flynn gehört natürlich auch zu meiner Community, ohne ihn würde ich es nicht aushalten. Er ist so tapfer, macht das alles mit, gibt mir Halt und ein heimisches Gefühl. Ich glaube, so können wir beide uns gut arrangieren und sind durch die Reise noch enger zusammengewachsen. Ich möchte, dass er ein schönes Katzenleben führt und meine Reisen mit mir teilt. Dafür muss ich seine Freiheit ebenfalls akzeptieren, so wie er meine akzeptiert.

Bei Flynn habe ich ab und an das Gefühl, dass er eine gespaltene Persönlichkeit hat. Tagsüber hockt der Angsthase meist in der Box meiner Sportklamotten, wohingegen er nachts Mr. Neugierig mimt und stromert.

Er hat ja extra einen GPS-Tracker umgeschnallt bekommen, damit ich ihn wiederfinden kann. Daran kann ich etwas Interessantes erkennen, denn eine Katze erobert ihr Revier sternenförmig. Das heißt, sie kommt immer zum dem ihr bekannten Punkt zurück, sprich, zum Haus, zur Höhle oder in meinem Fall zum Van, geht in eine neue Richtung, kehrt zurück etc. Prinzipiell klappt der Auslauf bei ihm sehr gut.

Nur mitten in der Nacht scharrt das Fellknäuel an der Schiebetür, will rein und erzählt mir durch Miauen, was er alles erlebt hat. Wir pendeln uns ein. Sag ich doch, Eingewöhnung.

In der App verfolge ich stets, wo er hingelaufen ist. Schockiert stelle ich fest, dass er eines Nachts über die Straße gelaufen ist. Zum Glück ist der Verkehr derzeit gering. Dennoch kann ich ihm nicht erklären, dass er das unterlassen soll.

Was du liebst, lasse frei. Kommt es zurück, gehört es dir, bleibt es fort, war es nie dein. Wir können nichts und niemanden besitzen, wir kommen allein und gehen allein.

Ansonsten geht der Abenteuerlustige jede Nacht an den Strand. Ich würde ihn gern alibimäßig tagsüber mit an den Strand nehmen, dann hätte ich nämlich eine Berechtigung, am Strand zu sein. Aber da ist er dann wieder total ängstlich und lässt sich nicht an die Leine nehmen.

Katzen sind an sich nachtaktiv. In Hamburg hatten wir einen anderen Rhythmus. Da ist er morgens mit mir aufgestanden und auf den Balkon gegangen, während ich atmete und meditierte und abends ging er nochmal eine kurze Runde raus. Nachts wurde brav geschlafen. Jetzt dreht er nachts auf und verschläft den ganzen Tag. Da sind ihm auch zu viele Hunde auf dem Campingplatz unterwegs, inklusive Nachbarhund Mozart. Die beiden haben sich zwar einmal kurz angeschaut, bleiben aber lieber auf Sicherheitsabstand.

Ab und an lasse ich ihn auch aufs Dach durchs Dachfenster. Er schaut dann nach oben und ich helfe ihm durch die Luke. Das findet er ganz interessant, weil er einen tollen Rundum-Blick hat. Irgendwann springt er dann wieder zurück ins Auto und erschlägt mich dabei halb. Es wirkt das Aktionsprinzip: Kraft ist Masse mal Beschleunigung und wenn eine Fünf-Kilo-Katze knapp einen Meter vom Dach aufs Bett und auf mich drauf springt ist das nicht zu unterschätzen.

Ich würde ihn gern fragen: „Wenn du dich entscheiden könntest: Würdest du lieber bei der Katzenoma im Erzgebirge sein oder bei mir?" Ich denke, da er sehr auf mich fixiert ist, würde er eher bei mir sein wollen. Denn nun hat er das, was er immer wollte: nachts Freigang.

Ich bin gespannt, wie es weitergeht, wenn wir von Malaga weg sind, auf anderen Campingplätzen und vor allen Dingen irgendwann zurück in Hamburg. Ob er dann die köstliche Freiheit abends auch einfordert. Im Moment lebe ich im Hier und Jetzt, daher ist es jetzt so, wie es ist, komme was wolle.

Campingplatz-Quarantäne

Meine Freiheit ist im Grunde gerade doch sehr eingeschränkt.

Wir dürfen nicht fahren! Der Lockdown in Spanien ist generell viel strenger als in Deutschland. Seit dem 30. März 2020 haben sich die Regeln noch einmal weiter verschärft.

Es dürfen nur noch lebensnotwendige Aufgaben erledigt werden, wie das Einkaufen. Es dürfen nur Menschen zur Arbeit gehen, die zum Beispiel in der Produktion, im Krankenhaus, bei der Polizei oder im Supermarkt berufstätig sind.

Alle Menschen in nicht-systemrelevanten Berufen müssen ihre Arbeit einstellen. Dazu gehört auch die Rezeption vom Campingplatz. In der Konsequenz heißt das, dass diejenigen, die bleiben, dann auch nicht mehr wegfahren können, denn die Tore werden verschlossen bleiben. Niemand kommt mehr rein oder raus, es sei denn, man reist dauerhaft ab.

Bis zum 11. April 2020 darf ich also definitiv nirgendwo hinfahren. Am Sonntag zuvor, sprich, gestern, wurden wir erneut gefragt, ob wir endgültig fahren oder bleiben möchten.

Wieder muss ich die eine Entscheidung treffen, ob ich bleibe oder fahre.

Ich habe mich erneut entschlossen zu bleiben. Denn zwischenzeitlich hat meine Hamburger Catsitterin, die auch einen Schlüssel zu meiner Wohnung hat, gefragt, ob ein Kollege von ihr übergangsmäßig in meinem Apartment wohnen kann. Angesichts der finanziellen Lage, also um meine Kosten zu senken, habe ich dankend zugesagt. Die Situation in Deutschland ist ähnlich, dennoch würde sich meine persönliche Situation nicht ändern. Denn auch in Deutschland gibt es keine

Events. Ich müsste den Campervan parken und – was ich nicht möchte – meinen neuen Zwischenmieter rausschmeißen. Und selbst wenn ich wieder in meiner Wohnung wäre, könnte ich keine sozialen Kontakte pflegen. Oder ich müsste zu meinen Eltern fahren.

In Spanien hingegen kann ich in meinem Van mit meiner Katze bleiben und den Blick aufs Meer genießen. Meine Community wächst immer weiter zusammen. Wir treffen uns täglich, was wiederum ein Vorteil unseres großen Campinggeländes ist.

Ich bin jeden Tag dankbar, dass wir die Luft noch atmen können. Denn es hätte viel schlimmer kommen können. Es hätte sein können, dass wir einen Atomkrieg haben und gar nicht mehr draußen rumlaufen können, ohne die verpestete Luft zu atmen. Ich sitze in meinem Campervan, blicke aufs Meer und beobachte die Vögel, Schmetterlinge und Bienen. Die fliegen einfach herum, vielleicht auch über die Ländergrenzen von Frankreich und Portugal, ohne Kontrollen. Die Tiere leben ihr Leben einfach weiter. Der Mensch benötigt dafür Regularien.

Als ich meine Gedanken am Nachmittag mit Steffen, dem dänischen Schriftsteller, teile, sagt er zu mir: „Ich hatte einen Traum und träumte, ein Schmetterling zu sein, der träumte ein Mensch zu sein. Seitdem weiß ich nicht mehr, ob ich ein Schmetterling oder ein Mensch bin, ob ich nur träume oder wach bin." Das geht sehr tief. Es erinnert mich an das Gedicht von Edgar Allan Poe „I dreamed a dream".

Während der Zeit hier lasse ich meinen Gedanken freien Lauf. Ich habe mich freiwillig auf diese Isolation eingelassen. Das Wetter ist zwar unbeständig in Südspanien. Es regnet mehr als sonst und ist auch noch nicht so warm wie normalerweise zu dieser Jahreszeit. Trotzdem haben wir oft 20 Grad und ich kann mich in meinen Van legen und Delfine im glitzernden Wasser beobachten. Durch den wenigen Schiffsverkehr kommen sie ganz nah ans Land. Wir haben sogar Wale und Thunfische gesehen von Malaga aus, nah an der Straße von Gibraltar. Ich habe gelesen, dass auch in den Kanälen von Venedig nun wieder Fische zu finden sind und das Wasser klarer wird. Die Luftverschmutzung geht zurück durch den wenigen Flugverkehr.

Ich bin dankbar für die Reisen, die ich erleben durfte, dankbar, dass ich Anfang des Jahres noch in New York, Kanada und Kalifornien war und dass ich in San Diego und Baku arbeiten durfte. Meine Wetter-App zeigt neben Malaga Orte wie Montreal, Toronto, Vancouver und San Francisco an. Dort war ich noch in den letzten Monaten, heute erscheint mir das unglaublich.

Peu à peu hat sich alles in meinem Leben gefügt und mich genau an diesen Ort hier gebracht bzw. auf dieses Abenteuer vorbereitet. Ich lasse das noch einmal bewusst Revue passieren. Durch meine Jobs als freiberufliche Moderatorin habe ich mir oft allein Städte angeschaut, war in Asien allein im Kloster, bin als Backpacker durch Kambodscha, Thailand, Vietnam und Indonesien gereist, war 2017 auf Safari in Afrika im Zelt, 2018 schlief ich im Zelt beim Roadtrip durch Australien, 2019 lief ich den Jakobsweg mit meinem Neun-Kilo-Rucksack auf dem Rücken bis ans sogenannte Ende der Welt, 888 Kilometer zu Fuß und habe sogar am Strand übernachtet. Sechs Wochen war ich nur mit dem Nötigsten unterwegs. 2020 bin ich allein fast 4.000 Kilometer durch Kalifornien mit einem Van gefahren und kurz darauf traf ich den Entschluss, dass ich mir selbst ein mobiles Zuhause als Office im Campervan zulege, um zwischen meinen Moderationen mit meinem Kater zu reisen. Hier bin ich nun.

Ich bin im Herzen erfüllt. Seit der Musicalschule, wo ich mir eigene Choreografien und Monologe ausdenken durfte, war ich nicht mehr so kreativ wie in diesen Tagen hier in Malaga. Ich finde einen Tages-rhythmus, indem ich jeden Tag schreibe. Ich habe noch so viele

Geschichten in meinem Kopf, die alle nur darauf warten, niederge-
schrieben zu werden. Natürlich vermisse ich meine Familie und eng-
sten Freunde. Doch ich habe Flynn, meinen Kater, bei mir, der mir
immer ein Stück Heimat gibt.

Ich habe mal für ein Reiseunternehmen gearbeitet und Reiseabende
für Tageszeitungen moderiert. Dort habe ich verschiedene Reisen
vorgestellt, unter anderem das Baltikum. In einem Abschnitt ging es
um die kurische Nehrung in Litauen und wie sehr Thomas Mann speziell Nidden/Nida liebte. Er lebte dort in seinem Sommerhaus meist
für drei Monate, nannte das Haff „die Sahara des Nordens" und liebte
„das Rauschen der See". Eines meiner Lieblingszitate, in welchem er
Humboldt zitiert, ist:

*„Meine Worte können Ihnen keine Vorstellung von der eigenartigen
Primitivität und dem großartigen Reiz des Landes geben. Ich möchte
mich hier auf Wilhelm von Humboldt berufen, der dort war, und speziell von Nidden so erfüllt war, daß er erklärte, man müsse diese Ge-
gend gesehen haben, wie man Italien oder Spanien gesehen haben
müsse, (wenn einem nicht ein Bild in der Seele fehlen soll").* – Thomas
Mann

Ich wache hier jeden Morgen auf, schaue als Erstes aufs Meer, habe
die Berge im Rücken und genieße das Rauschen der Wellen, was bei
starkem Wind so intensiv ist, dass ich mir wünschte, es würde mal für
fünf Minuten absolute Stille herrschen. Dann ist das Meer wieder
leise, sodass die kleinen Wellen ihre Mühe haben, den Strand überhaupt zu erreichen.

Zugegeben: Auf unserem Campingplatz leben wir schon in einer Art
Blase. Im Prinzip habe ich beim Wasser holen, Müll wegbringen oder
beim Gang auf die Toilette „mehr Auslauf", als in meiner Hamburger
Wohnung. Nicht nur das, durch die kurzen Wege läuft man an den

anderen Campern vorbei oder bleibt – in entsprechendem Sicherheitsabstand – stehen, um kurz zu plaudern.

Ganz offiziell dürfen wir nur in unserer Parzelle bleiben und dort einen Stuhl aufstellen. Aber der Müll muss eben weggebracht werden. Es kommt immer auf die Sichtweise an. Ich glaube, einige Leute, wie zum Beispiel Hannes, haben sich dort sehr eingesperrt gefühlt. Ich nicht. Vielleicht könnte es, fernab der Familie und mit dem Meer vor der Nase, wo man nicht mal drin schwimmen darf, einen doch ganz verrückt machen.

Zusätzlich telefoniere ich hier jeden Tag mit ein oder zwei Freundinnen von früher und meiner Familie. Ich habe sogar das Gefühl, mehr Kontakt zu Menschen zu haben als vorher. Einige Freundschaften haben sich dadurch vertieft. Ich denke, ich erlebe hier mehr soziale Kontakte, als ich in Hamburg je gewohnt war.

Irgendwie schaffe ich es, in der Welt voller Chaos, Mut zu fassen und weiterzumachen. Ich könnte meinen Kopf in den Sand stecken. Nein, das kann ich nicht. Ich darf ja nicht einmal am Strand spazieren. Wie soll ich da meinen Kopf bitteschön in den Sand stecken? Es bringt aber auch nichts. Ich kann jetzt meckern und weinen, dass ich mir im Februar zum Reisen einen Campervan gekauft und dafür all meine finanziellen Ressourcen aufgebraucht habe, meine Wohnung für mich nicht mehr verfügbar und keinerlei Einkommen in den nächsten Monaten zu erwarten ist. Das ist schon beachtlich. Ich kann aber auch in meinen Van gehen, meine Flügeltüren öffnen, währenddessen sich meine Chakra-Flaggen bewegen, und meditieren. Die regelmäßige Meditationspraxis lehrt mich hier praktisch, Dinge anzunehmen und im Moment zu sein.

Irgendwie schaffe ich es, in dieser Situation ruhig zu bleiben und vertraue. Ich habe seit dem Jakobsweg dieses Gottvertrauen in mir, dass
alles gut werden wird und alles einen Sinn hat.

Ich nutze die Zeit intensiv, um neue Dinge zu lernen, ich lese zum Beispiel englische und französische Bücher, um meine Sprachen zu trai-
nieren.

Da in unserer Community jeder etwas einbringt, David und Lorena
das Yoga, Carina das Makramee, haben sie mich gefragt, was ich mit
einbringen könnte. Ich habe überlegt und mir fiel spontan ein, dass
ich ihnen Englisch-Unterricht geben könnte. Wie es mir schon des Öf-
teren in Spanien aufgefallen ist, können auch meine spanischspre-
chenden Freunde kaum Englisch. So bin ich kurzerhand zur Englisch-
lehrerin geworden, ohne überhaupt Spanisch zu können. Ich muss
erst einmal alles zurückübersetzen, um ihnen etwas zu erklären. Ich
habe in Windeseile alle wichtigen Phrasen aufgeschrieben; die Pro-
nomen, die wichtigsten Zeitformen im Präsens, Perfekt und Futur, sowie die Artikel und Fragewörter. All das habe ich auf einen DIN A4
Zettel geschrieben, der nun mein Lehrmaterial ist. Ich finde es beein-
druckend, was hier in Spanien gerade entsteht, wozu ich in Deutschland nie gekommen wäre. Nimm eine Idee von einem Baum und fülle
sie mit Leben aus.

Außerdem tut sich beruflich auch etwas Neues auf. Nachdem sich innerhalb von zwei Tagen alle Buchungen für 2020 in Luft aufgelöst hatten, begannen die ersten Jobinterviews per Videotelefonie. Einige
Medienverlage kontaktieren mich und führen Interviews mit mir. Sie
sind neugierig, wie es mir geht und was ich mache. Ich nehme zusätzlich einige Podcastsendungen auf. Dann wird mein Campervan ein
mobiles Studio, fast schon ein echter Übertragungswagen. Dabei
klebe ich ein Schild draußen ans Fenster, auf dem steht: „Produktion
läuft, recording in progress, grabacion esta en progreso." Obwohl

während des Drehs niemand reinkommen sollte, haben mich teilweise doch Leute gestört. Eine Klingel wäre super gewesen, am Eingang zu meinem Stellplatz, wo die Langzeitcamper oft einen Briefkasten haben.

Wie ist die Stimmung generell auf dem andalusischen Campingplatz? Wir sind ein eingespieltes Team aus 38 Leuten. Wenn einer von uns Corona kriegen sollte, dann wird es der ganze Platz bekommen. Andererseits sind wir alle fast in Quarantäne und verbringen die Tage überwiegend isoliert und in Ruhe. Nur alle drei Tage verlasse ich das Campinggelände, um einzukaufen. Es fühlt sich an wie eine Mischung aus einem Kuhdorf und einem Trailerpark in Amerika. Jeder kennt jeden, wir grüßen uns, halten einen kurzen Schwatz mit Sicherheitsabstand von zwei Metern oder treiben Sport. Einige drehen jeden Tag ihre Nordic-Walking-Runden über den Platz. Das erinnert mich an wild gewordene Tiger in einem Zoo, die immer an den Zäunen auf- und ablaufen.

Es mag lustig klingen, aber ich fühle mich ab und an wie Thomas Mann, der sich zum Schreiben ins Baltikum zur Kurischen Nehrung zurückzog. Oder zumindest wie einer dieser Schriftsteller, die sich irgendwohin zurückziehen, um in Ruhe zu schreiben. Mein Leben lang hatte ich die Vision, mich eines Tages irgendwann einmal in ein Haus im Wald zu verziehen, um selbst zu schreiben. Nun ist es also ein mobiles Heim am Wasser geworden.

Ich glaube an Schicksal, ich glaube an Gott und ich weiß, dass es einen Sinn hat, dass ich hier bin. Das Göttliche bringe ich übrigens nicht mit einer Institution in Verbindung. Für mich ist Gott das Leben, das Universum, der Heilige Geist, Energie, Liebe, Führung und Fügung, Vertrauen.

Campingplatz-Routine

Nachdem ich meine Morgenroutine beendet habe, die aus Morgenmeditation, Morgentoilette und einem Morgenkaffee besteht, hole ich Zalina von ihrem Wohnwagen schräg gegenüber ab und wir gehen zu David und Lorena. David streamt seine Yogaklassen und wir wollen von einer Stellplatzbucht daneben mitmachen.

Yoga beginnt um 11 Uhr, wobei die Spanier „natürlich" erst 11:17 Uhr anfangen. Es ist meine erste spanische Yogaklasse. Da ich seit zehn Jahren Yoga übe und selbst Yogalehrerin bin, komme ich gut mit. Mir fällt auf, dass sich die spanischen Begriffe, ähnlich wie die englischen, stark an den lateinischen Begriffen orientieren. Durch die Benennung der Abfolgen lerne ich viele Vokabeln. Allein für das Wort „Matte" gibt es im Spanischen drei verschiedene Übersetzungen: Lorena sagt „esterilla de yoga", Pila aus Argentinien hingegen „estera de yoga" und Carina aus Chile spricht einfach von „el mat". Es tut gut, nach Wochen ohne Sport wieder gemeinsam Yoga zu praktizieren. Anschließend machen wir noch Atemübungen und Meditation.

Als ich nach „Shavasana" – der vollständigen Entspannung am Ende der Yogastunde – von „el mat" aufstehe, sage ich: „Tengo el pene." Alle prusten los. Es gibt kein Halten mehr. Ich weiß zwar nicht, was daran so lustig sein soll, schließlich wollte ich ausdrücken, dass ich Schmerzen habe. Carina erklärt mir, dass ich hätte sagen sollen: „Tengo la pena", was bedeutet: „Ich habe Schmerzen." Es stellt sich heraus, dass ich stattdessen gesagt habe: „Ich habe einen Penis." Nun grinse auch ich quer übers Gesicht. Diese Vokabel werde ich mir wohl auf ewig merken.

Die Yogastunde dauerte 60 Minuten. Hinterher quatschen alle noch lang und tauschen sich per Zoom darüber aus, wie es den Familien geht. Das ist eine sehr persönliche Art und gefällt mir gut. Ich laufe gegen 13 Uhr zurück zu meinem Wagen.

Hannes fragt mich: „Wo warst du denn den ganzen Tag? Ich habe dich ja noch gar nicht gesehen." Die Frage scheint gerechtfertigt, wenn man bedenkt, dass wir auf einem Campingplatz in Quarantäne leben. Ich berichte ihm ausführlich wie und wo es stattgefunden hat und wie sehr es mir gefallen hat. Die Schwärmerei beende ich mit: „Ich habe in meiner Aufbruchstimmung sogar meine Yogamatte zu Hause vergessen, doch zum Glück hat David noch eine übrig und diese darf ich während meiner Zeit hier nutzen."

Das ist sowieso das Schöne am Campen, alle helfen sich gegenseitig. Jeder bringt etwas ein. Ich werde ganz oft gefragt, wenn jemand zum Einkaufen geht, ob er mir etwas mitbringen könne. Wir erleben ein sehr fürsorgliches Miteinander, was ich sehr schätze. Auch Hannes bringt mir öfter einmal Wasser mit oder gibt mir Tipps rund um das Campen. So zeigt er mir, wie ich meine Gummidichtungen rings um den Wagen pflegen soll. Dazu nimmt man einen Pflegestift oder ein Spray und imprägniert den Gummi, damit er nicht porös wird. Dies soll zwei Mal jährlich gemacht werden. Heute erledigen wir das gleich bei meinem Wagen.

14 Uhr klappe ich meinen Laptop auf und fange an zu schreiben. Wo die Schreiberei hinführt, weiß ich noch nicht. Für mich ist es zur Routine geworden, gibt mir eine Struktur, es ist wie zur Arbeit zu gehen. Außerdem ist es kreativ. Vielleicht könnte ich die Texte als Blog, zum Thema Reisen mit Campervan und Katze, veröffentlichen.

Meditieren, Yoga, Kaffee, Telefonieren, bei Bedarf einkaufen, Blog schreiben und dann ist der Tag schon vorbei. So geht das nun seit fünf Wochen. Für mich ist es insofern okay, weil ich denke, dass hier meine Situation besser ist, als sie in Hamburg wäre. Denn dort müsste ich persönlich mit mehr Einschränkungen leben. Ich könnte weder meine Freunde treffen noch in mein Yoga Studio gehen und einen Job hätte ich dort auch nicht. Das Gute ist: die Situation in Malaga ist für mich neu und anders, ich treffe auf dem Campingplatz Menschen und habe einen Tapetenwechsel mit mildem Klima.

Darüber hinaus sind wir so kreativ. Da Lorena Kunstlehrerin ist, kennt sie ein Kinderkrankenhaus, mit dem sie regelmäßig kooperiert. Heute Morgen fragte sie uns, ob wir Karten für krebskranke Kinder mitgestalten wollten. Ich dachte erst: „Hmm, ich kann ja gar nicht malen." Doch später wurde mir bewusst: „Meine Güte, diese Kinder haben ein schweres Schicksal und freuen sich sicherlich über eine selbstgemalte Karte." Auf die Karten schreiben wir liebevolle Grüße, mit Herzen und Regenbogen. Wir gestalten das alles mit viel Liebe. Anschließend schnippeln wir alle gemeinsam Zutaten für einen Salat mit Tomaten, Zwiebeln und Avocado. Jeder bringt einen Stuhl mit und wir essen im Kreis unseren Gemüsesalat, danach geht jeder wieder erfüllt zu seiner Parzelle.

Gegen 20 Uhr klopft es plötzlich an meiner Tür. Carina steht vor mir, Tränen rollen ihr die Wangen runter. Ich zögere eine Millisekunde, ob ich sie in meinen Van lassen soll. Ich schlage vor, fix einen Tee zu kochen und stelle mich zu ihr nach draußen. Sie erklärt mir, dass Cristiano, ihr Ex-Freund, gern nach Italien zurückfahren möchte. Er hätte dort bessere Chancen, Geld zu verdienen und er besitzt dort ein Haus. Carina liebt es in Spanien und möchte gern bleiben. Der große Knackpunkt ist die Frage: Was passiert mit dem Sohn Leon? Eigentlich ist das ein Fall fürs Gericht, aber die arbeiten zu Corona-Zeiten nicht vor Ort und erst recht nicht, wenn es sich um einen italienisch-chilenischen Sorgerechtsfall auf spanischem Terrain handelt. Das alles erklärt sie mir auf Spanisch mit dem Telefon in der Hand, wir nutzen einen digitalen Übersetzer. Ich tröste Carina, wo ich nur kann. Wir umarmen uns. Ich kann nicht anders. Wie soll ich eine weinende Frau vor mir stehen lassen? Als sie sich beruhigt hat, sagt sie, sie müsse zurück, denn Leon müsse nun ins Bett. Sie gibt mir ihre leere Tee-tasse. Ich schaue ihr nach und bin betrübt.

Vor ein paar Stunden noch haben wir zusammen gemalt, gekocht und Yoga gemacht und nun wird sie uns vielleicht bald verlassen müssen. Ich brauche selbst einen Moment an der frischen Luft, atme tief ein und aus und schaue in die Nacht. Am Horizont erkenne ich ein Schiff, das stark nach einem Kreuzfahrtschiff aussieht. Es treibt über den Ozean, denn das verbraucht kaum Kraftstoff. Das hatte ich gelesen. Einige Crew-Mitglieder verbleiben auf Kreuzfahrtschiffen, dürfen aber nicht an Land. Sie sind seit Wochen nur an Bord des Schiffes. Ich bin gespannt, welchen Kurs es einschlagen wird.

Exkurs: Sri Lanka – Meditation

Im Yogaunterricht mit David lernen wir viele buddhistische Zitate. Dieses gefällt mir besonders gut: *„Das Leben ist wie ein Fluss. Mal ist Ebbe, mal ist Flut und man darf sich allem hingeben."*

Wie jeden Morgen öffne ich die Flügeltüren und begrüße die Sonne im Van. Während ich meinen ersten Kaffee koche, bewegen sich meine Yogaflaggen sachte vor dem Hintergrund des glitzernden Meeres. Ab und an sehe ich auf den Pappelwellen sogar kleine Spitzen, die Finnen von Delfinen. Morgens ist es windstill und wenn ich mich an den Eckpunkt im Westen aufs Bett quetsche, strahlt mir die Morgensonne direkt ins Gesicht. Flynn und ich recken beide unsere Nasen heraus und genießen die ersten Sonnenstrahlen. Ich lausche dem Meeresrauschen, die Sonne fühlt sich warm an auf meinem Gesicht. Ich bin dankbar für diesen Start in den Tag. Nachdem ich zehn Dinge gefunden habe, für die ich dankbar bin, mache ich meine Atemübungen und meditiere.

Durch meine Selbstständigkeit habe ich keinen regulären Arbeitsalltag. Entweder bin ich auf Produktionen, wofür ich teilweise 4 Uhr morgens aufstehen muss, oder ich bin im Homeoffice, wo meist Meetings, Bürokram oder Vorbereitungen anstehen. Um meinem Tag dennoch Struktur zu geben, habe ich vor circa 6 Jahren meine Morgenroutine entwickelt. Meist starte ich mit Sport in den Tag, entweder joggen oder Yoga, um den Körper wach zu bekommen. Danach führe ich Atemübungen durch und zu guter Letzt meditiere ich.

Ich denke, wir dürfen diese besinnliche Zeit jetzt nutzen, um innere Einkehr zu halten. Wenn es im Außen nicht so viele Ablenkungen gibt, dann ist es vielleicht ein Zeichen, mal ins Innere zu schauen und aufzuräumen. Mir gelingt das sehr gut in der Stille. Einfach sein. Den

Körper ganz bewusst spüren oder auch die Umwelt wahrnehmen. Es kann auch eine Meditation sein.

Oft sagen mir Leute, sie können das nicht, weil sie viel zu viele Gedanken haben. Ein Trick beim Meditieren ist, darauf zu achten: „Was wird wohl mein nächster Gedanke sein?" – Dann kommt nämlich keiner.

Um das Meditieren zu verbessern, bin ich 2015 auf Sri Lanka in ein Kloster gegangen. Der Aufenthalt dort hat mein Leben verändert.

Bei meiner Recherche war es mir wichtig, dass ich ein Kloster finde, in dem nicht nur Touristen sind. Ich wollte eine authentische Erfahrung machen. Auf Sri Lanka (und in anderen buddhistischen Ländern) soll jeder Mensch, egal ob Frau oder Mann, mindestens einmal im Leben für sechs Wochen ins Kloster gehen. Mein Kloster hatte sogar bei einer großen Suchmaschine ausgezeichnete Rezensionen.

Das Kloster befindet sich in der Nähe von Colombo, der Hauptstadt von Ceylon. Die Adresse hatte mir jemand im Hostel auf ein Blatt Papier in der Landessprache mit entsprechend quirligen Schriftzeichen geschrieben. Der Busfahrer ließ mich mitten auf einer staubigen Straße im Dschungel raus. Meine Navigation sagte, ich solle rechts entlang gehen, der Busfahrer sagte links. Ich wollte lieber auf den Einheimischen hören. Ich gelangte zu einem sehr schönen Gebäude mit azurblauem Gemäuer und reichen Verzierungen an den Dächern. Ich ging zu einer Art Empfang, das war ein Plastiktisch, an dem eine Frau saß. Dort wurde ich mit einer esoterischen Stimme gefragt: „What are your problems? - Was sind deine Probleme?" Das machte mich stutzig: „Ups, hier bin ich falsch." Wie sich herausstellte, war es ein ayurvedisches Zentrum, was sehr typisch für Sri Lanka ist. Es war aber nicht das, was ich gesucht hatte.

Also ging ich den Weg durch den Dschungel über die staubige Straße zurück und folgte schließlich doch meiner Navigation. Und siehe da, nun links lag das Kloster mitten im Dschungel. Es wurde von einer gelben Mauer umgeben. Das Eingangstor war reich verziert: typisch buddhistisch mit einem braunen, vierseitigen Dach mit nach oben gewölbten Ecken und einem Buddha-Statue in der Mitte, der im Schneidersitz saß, die Hände vorm Herzchakra im Namaskar Mudra, also der Gebetshaltung.

Im Vorfeld, als Bewerbung, musste ich beschreiben, welche Meditationserfahrung ich schon hatte. Außerdem wurde mir ein Buch ans Herz gelegt: „Im Augenblick liegt alles Leben.", was ich bestenfalls im Vorfeld gelesen haben sollte. Das war gar nicht so einfach, denn das Buch hat einen so fundamentalen Inhalt, dass es stets vergriffen gewesen ist. Ich habe ein Gebrauchtes übers Internet bestellt und dafür um die fünfzig Euro gezahlt. Ebenfalls gab es die Bedingung, dass ich mindestens fünf Tage bleiben müsste, um überhaupt aufgenommen zu werden, weil man frühestens nach drei Tagen wirklich zur Ruhe kommt und einsteigen kann.

Bei der Anmeldung musste ich sämtliche persönliche Dinge abgeben: Pass, Geld, Handy, Bücher, Zeitschriften – kurzum alles, was mich ablenken oder womit ich Kontakt zur Außenwelt haben könnte. Ich zögere. Machte mir das Angst? Nein, Angst hätte ich, wenn doch etwas passieren sollte und ich kurzfristig diesen Platz verlassen müsste – ohne Ausweis, Handy und Geld. In diesem Fall, wäre es eine große Hürde ein Taxi zu bekommen um zur Botschaft zu gelangen. Doch ein anderes Gefühl herrscht vor: Vertrauen. Ich bin im Vertrauen, dass ich hier am richtigen Ort bin und habe keinerlei Angst.

Dann wurde ich im Dschungel durch Tempelanlagen geführt. Die Vögel sangen in rhythmischen Fiep-Lauten, Grillen zirpten und Affen hüpften hoch oben in den Baumkronen. Vorbei an Mönchen, die gerade ihr Mittagessen einnahmen, kam ich erneut durch ein Tor in den Trakt der Damen. Die weiblichen Mönche, Nonnen genannt, trugen ein blütenweißes Mönchsgewand und hatten ihre Haare abrasiert. Es waren zusätzlich viele einheimische Frauen aus Sri Lanka da. Durch die weiße Kleidung strahlten sie wie Engel. Jedenfalls hatte es für mich den Anschein, dass sie strahlten, vielleicht kam es auch aus dem Inneren.

Ich kam in einen Trakt für „Ausländer", also für Nicht-Sri-Lankaner. Dort gab es insgesamt nur sechs Zimmer, diese gingen alle von einem langen Gang ab, der – typisch asiatisch – Säulen und Bögen als „Fenster" besitzt, aber ohne Glas.

In dem Trakt waren nur eine Niederländerin und ich. Ich war zwar nicht in einem Schweigekloster, dennoch wurde nur das Nötigste gesprochen. Wir sprachen dort miteinander, aber ausschließlich über das Meditieren. Sie war schon drei Monate da und spoilerte über schmerzende Knie und dass man an einem bestimmten Punkt über den Schmerz hinausgehen muss. Denn wenn man auf eine Stelle permanent drückt, explodiert der Schmerz und irgendwann löst er sich auf.

Wir hatten eine kleine Teeküche und sanitäre Einrichtungen. Dort gab es ausschließlich kaltes Wasser zum Duschen, was bei der angenehmen Außentemperatur von 30° und 80% Luftfeuchte aber erträglich war.

Meine Kammer ließ sich lediglich durch einen Vorhang verschließen. Darin befand sich ein kleiner Schrank und mein knochenhartes Bett mit einem Moskitonetz. Die Nonnen sagten mir: „Buddha sagt, du darfst nicht töten.", mit dem Nachsatz: „auch keine Mücken, Moskitos oder Ameisen." Und so teilte ich mir mein Zimmer mit Geckos, die nachts sehr laut so was wie quaken, und Ameisen. Drei davon habe ich per Hand aus meinem Zimmer getragen. Ich denke, was man aussendet, kommt auch zu einem zurück – Karma Baby.

Auch ich trug weiße Kleidung, bestehend aus einem Shirt und einer Dschini-Hose. Zusätzlich bekam ich ein Bettlaken, welches ich quer über die linke Schulter hin zur rechten Hüfte legte und das mit Sicherheitsnadeln verschlossen wurde.

Dann ging es los, das Meditieren.

Barfuß lief ich in den Meditationssaal, wo vorne ein großer Buddha thronte. Morgens und abends gab es ein kleines Ritual, bei dem Buddha Blumen und Speisen gereicht bekam. Außerdem roch es nach Räucherstäbchen. Ich setzte mich im Schneidersitz auf den Boden, schloss meine Augen und beobachtete meinen Atem: wie er durch die Nase ein- und wieder ausströmt. Man kann auch auf den Bauch achten, oder den Brustkorb – eben alles, was mit der Atmung zu tun hat. Da ich bis dato noch nicht lange meditiert hatte, kamen ziemlich schnell Gedanken auf: „Wie lange geht das hier? Wann sind die Essenszeiten? Meine Knie tun weh!" etc. Also erinnerte ich mich an die Frage oben und dachte: „Ich bin mal gespannt, was mein nächster Gedanke ist, der jetzt hochkommt." Hierbei ist es wichtig, die Gedanken nicht zu bewerten, sondern sie lediglich wahrzunehmen, zum Beispiel mit „Gedanke, Gedanke" und anschließend weiter zu meditieren.

Beim Meditieren oder wenn man auf den Atem achtet oder „nach innen" geht, kann man auf verschiedene Mantren meditieren. Ein einfaches Mantra ist „su-ham". Es bedeutet: Ich bin das. Dabei denkt man beim Einatmen „su" und beim Ausatmen „ham".

Wenn man Schmerzen beim Sitzen hat, kann man zwar die Sitzposition wechseln, generell soll man aber auch erst einmal ein wenig den Schmerz aushalten, denn man wird feststellen, dass auch der

Schmerz irgendwann vergeht. Im Yoga sagt man auch: „Yoga fängt an, wenn der Schmerz anfängt." Das hört sich jetzt vielleicht etwas hart an. Es kann sein, wenn man endlich mal zur Ruhe kommt, dass sich im Körper Organe oder Gelenke melden. Hier kann man tiefer reingehen und schauen, woran es liegen könnte, denn die meisten Schmerzen, gerade chronische, sind oft psychosomatisch und daher emotional verknüpft. Einige Yogis sagen, es gibt nur eine einzige Krankheit und das ist, wenn unsere Seele nicht im Einklang ist.

Damit man lange sitzen kann, darf man Meditationskissen benutzen. Auf Sri Lanka gab es neben den bekannten runden auch keilförmige Kissen. Die sehen aus wie gestapelte Legosteine, für den Po ist eine Kante höher als für die Beine. Auf Sri Lanka gibt es neben dem Lotus-sitz auch noch die Variante, dass man – oder in dem Fall speziell frau – auf dem Boden sitzt, beide Beine angewinkelt zur gleichen Seite wegklappt. Das erinnert ein wenig an den Frauen-Pferde-Sitz. Wichtig ist, dass beim Sitzen die nackten Füße nicht zu Buddha zeigen, denn das wäre eine Beleidigung und bevor man einen Tempel betritt, muss man immer die Schuhe ausziehen.

Im Kloster gab es strenge Regeln, was den Tagesablauf angeht:

04.00 Uhr   Aufstehen

04.30 Uhr   Morgenritual: Buddha Blumen in einer Schale brin-gen und gemeinsames Singen

05.00 Uhr   Allein oder gemeinsam meditieren

06.00 Uhr   Frühstück gemeinsam im Speiseraum

07.00 Uhr   Meditation

08.00 Uhr   Arbeit verrichten für die Gruppe (3 Stunden)

11.00 Uhr   Mittagessen gemeinsam im Speiseraum

12.00 Uhr	Gruppen- oder Allein-Meditation
13.00 Uhr	Gruppen-Meditation
14.00 Uhr	Konsultation: wenn es Fragen zur Meditation gibt
15.00 Uhr	Gruppen- oder Allein-Meditation
16.00 Uhr	Abendessen gemeinsam im Speiseraum
17.00 Uhr	Gruppen- oder Allein-Meditation
18.00 Uhr	Gruppen-Meditation, mit abschließendem gemeinsamem Gesang
19.00 Uhr	Allein-Meditation (3 Stunden)
22.00 Uhr	Schlafen (6 Stunden)

Beim Arbeiten handelt es sich um soziale Tätigkeiten, die der Gruppe dienen, wie Wäsche waschen und Unkraut jäten. Dabei immer im Moment sein. Das ist sozusagen die Probe für zu Hause, auch in alltäglichen Situationen im Moment zu bleiben.

Bei der Allein-Meditation kann man sitzen, gehen oder liegen. Liegen wird nicht oder erst in einem späteren Stadium empfohlen, weil die meisten Neulinge die Tendenz haben einzuschlafen.

Bei der Meditation im Gehen nimmt man ganz bewusst jeden einzelnen Schritt wahr, spürt jeden Stein unter den nackten Füßen. Normalerweise haben wir immer eine Absicht, wo wir hinlaufen möchten. Hierbei geht es darum, einfach zu laufen, zum Beispiel zum Ende eines Saales und dabei noch nicht zu wissen, wohin man als nächstes Laufen möchte, sondern den Impuls zu spüren, wohin es geht. Dabei bewegt man sich sehr langsam, dreht sich in Zeitlupe und läuft in eben jener weiter. Ich bin bei der Geh-Meditation gern durch den Dschungel gelaufen. Dabei habe ich mich zwar etwas von den Affen rings um uns herum ablenken lassen, aber ich wollte die Natur so pur aufnehmen, wie es eben ging. Ich sah farbenprächtige Vögel, einer hatte ein langes weißes Gefieder, was aussah, wie ein Brautschleier. Leider konnte ich die Tiere aber nicht fotografieren, denn ich hatte zu Beginn ja mein Handy abgegeben.

Eines Tages regnete es Bindfäden. Ich saß im Gang unseres Traktes und blickte in die Blätter der Palmen und Bäume. Der Himmel war schwarz und durch die Blitze wurde es so hell, dass meine Augen geblendet wurden. Ich hatte so ein Einheitsgefühl mit der Natur, dass mir Tränen die Wangen herunterliefen. In diesem Moment habe ich mich plötzlich sehr mit Gott verbunden gefühlt. Diese wundervolle Welt kann unmöglich von einem Menschen erschaffen worden sein, sondern es muss eine höhere Instanz gewesen sein. Seit diesem

Erlebnis fühle ich mich immer eins, wenn ich in der Natur bin. Abends konnte ich friedlich auf meiner Pritsche schlafen.

Dem aufmerksamen Leser wird aufgefallen sein, dass nur sechs Stunden für den Schlaf angesetzt sind. So hat das Buddha tatsächlich vorgesehen. Wenn man den ganzen Tag meditiert, ist man ausgeruht und kommt mit sechs Stunden Schlaf wunderbar klar. Es gibt auch einige Menschen in der westlichen Welt, die anstatt des beliebten Power Naps (circa 20-minütiger Schlaf), 20 Minuten meditieren und hinterher genauso ausgeruht sind. An dieser Stelle sei angemerkt: Um kurz Energie zu tanken, empfiehlt sich auch autogenes Training und Muskelentspannung.

Zum Frühstück ging es üblicherweise los mit Haferbrei und um 16 Uhr gab es schon die letzte Mahlzeit. Die Sri Lankaner trinken jedoch viel Tee und der ist reichlich gesüßt. Von daher hatte man immer quasi auch noch kleine Mahlzeiten durch den Zuckerschub.

Das Essen im Kloster von Sri Lanka war mit das Beste, was ich je gegessen habe. Buddhisten sind in der Regel Vegetarier und essen viel Gemüse, das war für mich als Vegetarierin besonders schön. Zum einen hat Sri Lanka generell eine wunderbare Küche bestehend aus Currys in allen Varianten mit grünen Bohnen, roten Linsen oder Tempeh, einem speziellen Tofu, die in vielen kleinen Schüsseln angereicht werden. Zum anderen war es dort im Kloster so, dass Frauen aus dem Dorf Essen spenden. Ich habe also richtiges lokales Essen gegessen. Authentische Küche liebe ich, obwohl sie sehr scharf war.

All das durfte auf Sri Lanka natürlich nur mit den Händen gegessen werden. Anfangs stellte ich mich etwas unbeholfen an, das ging aber nach ein paar Tagen etwas besser. Reis mit Soße mit den Fingern zu essen, ist schon eine Herausforderung. Ich habe eine Hand dann als Schöpfkelle genutzt. Manchmal gab es Bananen zum Nachtisch. Eine außerordentliche Begebenheit war, dass dafür speziell Teelöffel gereicht wurden, weil Frauen im Kloster sich keine Banane in den Mund schieben sollten ... Das fand ich, bei allem Respekt für die Tradition, etwas lächerlich. Ich bezweifle, dass es vor 2500 Jahren, als der Buddhismus entstanden ist, schon Löffel gab und ich finde auch, dass allenfalls der Betrachter die versauten Gedanken hat, zumal wir ausschließlich unter Frauen waren. Andere Länder, andere Sitten. Daher habe ich mich natürlich angepasst und aß brav meine Banane mit einem Teelöffel.

Wie läuft die Verständigung ab, wenn man nicht sprechen darf? Das Essen wurde immer von Frauen aus dem Dorf in großen Töpfen gebracht und mit einer Kelle auf unsere Teller geladen. Wenn die Portion reichte, hat man die Hand flach über den Teller gelegt, um anzuzeigen, dass es genug ist. Wenn man noch eine halbe Kelle wollte, hat man das angezeigt, indem man alle Finger zum Daumen genommen hat. Das sieht in etwa so aus wie ein Vogel oder wenn Italiener gestikulieren. Das Essen im Kloster war wirklich das Beste der ganzen Insel.

Nach sieben Tagen verließ ich das Kloster. Die älteste Nonne brachte mich zum Tor und fragte mich, ob ich wiederkomme. Sie meinte, dass sie mich gern wiedersehen möchte, ich solle immer weiter meditieren. Westliche Wissenschaftler haben herausgefunden, dass durch das Meditieren die Telomere, das sind Endstücke unserer Chromosomen, langsamer zerfallen, sprich der Alterungsprozess verlangsamt wird. Sie war ein perfektes Beispiel dafür. Ich habe sie gefragt, wie alt sie ist. Ich hätte sie auf 50 geschätzt und sie sagte mir, sie sei 70! Ich war verblüfft, sie hatte fast keine Falte. Zum Schluss sagte sie mir: „You have a huge heart, you will have a good life." Das hat mir sehr viel bedeutet. Diesen Satz trage ich bis heute in meinem großen Herzen.

Seit dieser Meditationswoche bin ich sehr ruhig geworden und trage einen Teil der Ruhe immer noch in mir. Teilweise fragen mich Menschen vor Auftritten, ob ich überhaupt nicht aufgeregt sei. Viele würden an meiner Stelle eine Todesangst empfinden, denn das ist der eigentliche Grund für Lampenfieber. Wir sind im Grunde immer noch Höhlenmenschen. Zur damaligen Zeit hat nur der Anführer gesprochen und wenn jemand anderes das Wort ergriffen hat, haben alle Gruppenmitglieder diesen Menschen angeschaut. Das bedeutete, es gab zwei Meinungen und in der Folge gab es eine Konfrontation. Es kam zum Kampf, teilweise um Leben und Tod. Wenn der Verlierer nicht getötet wurde, dann wurde er zumindest verstoßen. Daher durchleben einige Menschen nach wie vor todesangstähnliche Zustände vor einer Präsentation oder haben zumindest die Angst, von der Gruppe abgelehnt zu werden, was ganz tief in uns verwurzelt ist.

Ein Grund warum ich diese Gefühle im Griff habe ist, dass ich meine Auftritte visualisiere, positive Affirmationen verknüpfe und vor Präsentationen meditiere.

Ich meditiere seit sechs Jahren fast jeden Morgen. Das gehört für mich zu einem entspannten Tagesablauf dazu. Mir fehlt etwas, wenn ich es mal nicht schaffe. Gerade bei anstrengenden Jobs finde ich es wunderbar, nachmittags nochmal kurz zu meditieren. Das können meine fünf Minuten an der frischen Luft oder mitunter auf der Toilette sein, Hauptsache allein.

Abgesehen von der Meditation mache ich mir nicht mehr über alles Gedanken. Ich DENKE mir, wenn etwas klappen soll, dann klappt es, wenn nicht dann nicht. Da brauche ich mir auch nicht stundenlang den Kopf zu zerbrechen. Natürlich gibt es Dinge, über die man sich Gedanken machen sollte, aber wie Eckhart Tolle so schön sagt, dann soll man sich dafür bewusst Zeit nehmen und sich nicht stundenlang den Kopf zerbrechen. Ich merke, dass ich viel öfter bewusst im

Moment bin und meinen Körper bewusster spüre. Man kann wirklich überall Meditationstechnik einsetzen: am Flughafen, in der Bahn oder in der Schlange im Supermarkt. Die Energien sind je nachdem unterschiedlich stark, dass spüre ich auch, wenn ich in der Natur, am Strand oder in den Bergen meditiere. Das sind sehr kraftvolle Orte, doch prinzipiell geht es nicht darum, eine Meditation zu bewerten, sondern einfach zu sein.

In New York hat man Mönche in die Stadt gesetzt und meditieren lassen. Die Ergebnisse waren erstaunlich, da in dieser Zeit die Kriminalitätsrate gesunken war. Ich denke, dass die Meditation eine große Wirkung auf die ganze Welt hat. Man kann so inneren Frieden erreichen und der wird sich auch im Außen projizieren. Was wäre für dich nötig, um jetzt in bedingungslosem Frieden zu leben? Sofort, ohne Verhandlungen? Nur ein Mensch auf der Welt muss befriedet werden und das bist du selbst.

Meditation soll geübt werden. Genau im Moment, wenn einem der Boden unter den Füßen wegbricht und dann jemand meint: „Du musst dich jetzt nur auf dein Meditationskissen setzen und atmen", kriegt man das so akut natürlich nicht hin. Indem man die Meditation praktiziert, wird man gestärkt. Wenn man dann vom warmen Meditationskissen aufsteht und wieder in eine Welt lauter Geräusche und Alltagsstress gerissen wird, haut einen das nicht mehr so um. Es ist normal im Alltag mit Stresssituationen konfrontiert zu werden, sei es im Büro, oder an der Kasse beim Einkaufen, wenn die Kinder nach Süßigkeiten quengeln. Um dann in der Lage zu sein, gelassener zu bleiben, ist es ratsam, Meditation zu üben.

Wenn man regelmäßig meditiert, kehrt Frieden in einem ein; man kann bei Problemen ruhiger bleiben, behält einen kühlen Kopf und wird nicht zum Spielball der anderen. Genau hier steckt die Herausforderung, nämlich bei sich selbst zu bleiben.

Speziell in der jetzigen Zeit, in der im Außen viel Unsicherheit herrscht, gibt mir die Meditation und die Besinnung nach innen viel Kraft, Ruhe und Beständigkeit.

Veränderung ist die einzig sichere Konstante im Leben. Sicherheiten an sich existieren nicht, alles ist im Fluss und verändert sich stetig.

Wenn man einen Fluss anschaut, wegschaut und wieder zu dem Fluss schaut, hat sich dort schon etwas verändert. Der Mensch glaubt nur, der Fluss wäre gleichgeblieben.

Nachdem ich mit meiner Meditation und mit meinem Morgenritual fertig bin, sitze ich noch eine Ewigkeit im Lotussitz auf meinem Bett. So sieht für mich ein heiliger Morgen aus.

Generell mag ich Routinen beim Reisen im Campervan. Natürlich ist es ein unbeschwerter Lebensstil, aber ich finde es gut, darauf zu achten, nicht nur Freizeitgestaltung zu haben. Sprich, ich schaue auf meine Ernährung, richte Zeiten fürs Homeoffice ein, um dann die Entspannung bewusst genießen zu können.

Die Schreibroutine hat sich nun doch zu einem öffentlichen Blog entwickelt. Für mich ist das einerseits kreativ, andererseits gibt es mir das Gefühl, zur Arbeit zu gehen. Es gibt meinem Tag Struktur und ist eine sinnstiftende Tätigkeit.

Warum Gypsy?

Schon bei meinem letzten Job in München saß ich in der Mittagspause in einem Café und fing einfach an, zu schreiben. Ich wollte die
Menschen mitnehmen auf meine Abenteuer, wie ich mit meinem Kater reise, allein als Frau und als digitale Nomadin. Seit Langem
schwirrte mir ein Name durch den Kopf: gypsylife.style.

Gypsy heißt Zigeuner, fahrendes Volk. Es heißt mehr oder weniger
Nomadentum, keinen festen Wohnsitz zu haben und reisend zu sein.

Die Interessen- oder Völkervertretungen der Sinti und Roma bezeichnen sich selbst nicht so und nehmen Abstand von dieser Bezeich-
nung. Doch ich bezeichne niemand anderen so, sondern mich selbst.
Ich möchte mit dem Namen Toleranz schaffen. Bei denjenigen, die
sich dennoch angegriffen fühlen sollten, bitte ich dies zu entschuldi-
gen.

Ich weiß, dass gerade die Deutschen immer politisch korrekt sein
möchten. Doch nur weil wir über Gleichberechtigung sprechen, an
Substantive ein *in anhängen oder man auf einem Bewerbungsfor-
mular m/w/d ankreuzen kann, heißt das noch lange nicht, dass wir
eine Gleichberechtigung haben. Mir geht es vielmehr um eine innere
Haltung und das Vorleben, als um eine politisch korrekte Ausdrucks-
weise.

Meiner Meinung nach, benutze ich das Wort „Gypsy" respektvoll.
Dennoch hatten mich frühzeitig einige angesprochen, ob ich den Namen nicht ändern möchte. Da würde ich nicht dahinterstehen. Denn,
ich unterstütze ein Roma-Kind in Nordmazedonien und bin für dessen
Bildung finanziell verantwortlich. Ich unterstütze vor Ort eine Organisation und wünsche mir, dort eines Tages mit meinem Van hinzufah-
ren, um den Jungen zu besuchen und Spenden vorbeizubringen. Ich

habe ebenfalls ein Patenkind auf den Philippinen und habe mir zu meinem 30. Geburtstag nichts weiter gewünscht außer Spenden für Eliza. Den gesammelten Spendenbetrag habe ich verdoppelt.

Der Begriff Gypsy ist mir, sozusagen, auf den Leib geschrieben. Als Moderatorin verstehe ich mich auch ein Stück weit als Künstlerin, stehe auf der Bühne und gehöre nur kurzzeitig für das Event zu einer Firma in einem bunt gewürfelten, multikulturellen Team. Ich reise für meinen Job meist 50.000 Kilometer pro Jahr und war immer schon der Typ, der nach Möglichkeit ein wenig eher anreist oder ein paar Tage dranhängt, um sich noch etwas anzuschauen. Ich gehöre nicht zu den Leuten, die nur das Hotelzimmer sehen. Lieber stell ich mir den Wecker auf 6 Uhr morgens und jogge durch die Altstadt oder durch Parks, um wenigstens ein bisschen was von den Orten mitzubekommen. Das hat auch den positiven Nebeneffekt, dass ich frische Luft atme, Zeit für mich habe und im Gegensatz zu den hochhackigen Schuhen während der Jobs, ganz frei meine Füße und Muskeln bewege. Ich bin einen kompletten Marathon gerannt und sogar den Jakobsweg 888 Kilometer von Irun über Santiago de Compostela bis nach Finisterre gelaufen. Durch das Reisen tanke ich auf, sammle Inspiration und teile meine Erfahrungen. Daher verstehe ich mich auch als Völkerverständigerin oder Übersetzerin. Ich bin eine Nomadin.

Auf der anderen Seite bereite ich mich auf meine Jobs immer intensiv vor, das mache ich im Homeoffice. Für meine Jobbeschreibung nutze ich gern das Bild eines Eisberges: die Zeit auf der Bühne und vor der Kamera ist nur die Spitze. Die meiste „ungesehene" Arbeit (Der Teil des Berges unter Wasser) machen Vor- und Nachbereitung, Posts, Reiseplanung, Abrechnung, Kundenakquise usw. Ob Büroarbeit in Hamburg oder am Bodensee erledigt wird, ist dabei nebensächlich. Mobiles Arbeiten ist durch die Digitalisierung möglich.

Ich bin also eine digitale Nomadin. Ich bin frei wie ein Nomade oder wie die Mongolen und reise in meinem Haus auf Rädern. Ich habe mein Schneckenhaus immer dabei. Durch den Campervan ist auch das Reisetempo langsamer, damit ich die vorbeiziehende Landschaft genießen kann. Der Weg ist das Ziel.

Ich verstehe mich als fahrende Künstlerin, die im Wohnwagen reist. Und so kam es auch zur Namensgebung für meinen Campervan: Gypsy. So sieht mein Gypsy Lifestyle aus, daher heißt mein Blog www.gypsylife.style.

Wie wichtig ist das richtige Mindset?

Pila, unsere Shopbesitzerin, ist heute sehr zeitig unterwegs. Sie dreht mit einem Körbchen eine Runde über den Campingplatz. Sie hat eine kleine Blume jeweils in ein Teekerzenlicht in Erde eingegraben und ein grün weiß gemustertes Papier mit einer Schleife herumgelegt. Sie verteilt diese Aufmerksamkeit an jede Mama, weil heute Muttertag ist. Dann kommt sie zu mir und fragt mich, ob ich Kinder hätte. Daraufhin antworte ich ihr: „Ich habe eine Katze." Grinsend sagt sie: „Das zählt" und drückt mir dabei ein Blümchen in die Hand. Endlich mal jemand, der mich versteht.

Schon zu Ostern habe ich ihre Großzügigkeit kennengelernt, obwohl das offizielle Osterfest 2020 in Spanien ausfiel. Ostern ist das heilige Fest für die Spanier. Jede noch so kleine Stadt feiert es, schmückt die Straßen und es werden Umzüge veranstaltet mit Kostümen, die aussehen wie große Tiere aus Pappmaschee. Pila ging trotzdem über den Campingplatz und hat jedem ein kleines Osternest geschenkt. Das nenne ich, ein großes Herz zu haben, eine unglaubliche Gastfreundschaft.

Nachdem ich mein Blümchen mit Wasser versorgt habe, hole ich Zalina von ihrem Wohnwagen schräg gegenüber ab und wir gehen zu David und Lorena zum Yogaunterricht.

Als ich tiefenentspannt zum Van zurückkomme, checke ich mein Handy. Ich habe eine Nachricht erhalten, die zwar nett gemeint sein muss, aber mich äußerst brüskiert. Von einem Kunden, für den ich bereits moderiert habe, bekomme ich nach zwei Jahren Funkstille folgende Nachricht: „[...] Ich habe dich damals, als du bei uns auf der Messe im Einsatz warst, als sehr professionelle Person kennengelernt, die absolut dafür brennt, was sie tut. Jetzt ist das alles mit einem Mal und sehr plötzlich zusammengebrochen. Wie hart muss es für dich sein, ohne Job und ohne Aussicht für die Zukunft dazustehen? Ich hoffe, dir geht es irgendwie trotzdem gut? Vielleicht hast du ja schon eine Idee, was du in Zukunft machen möchtest und wie du dich beruflich umorientieren möchtest? Bleib gesund."

Was will er von mir mit diesem ungefragten und unkonstruktiven Mitleid? Früher hätte ich sofort zurückgepoltert. Heute lasse ich Nachrichten erst einmal sacken und reagiere nicht aus einer Emotion heraus.

Als es für mich klar war, habe ich meinem Kunden geantwortet, dass ich diese Nachricht leicht übergriffig finde. Warum? Er hat nicht erstmal neutral gefragt, wie es mir geht und ob ich Alternativen habe oder durch Kooperationen o.Ä. noch Geld verdiene. Er hat es so dargestellt, als wäre mein Leben zu Ende und als müsste ich mich beruflich umorientieren. Leider hat der Kunde nur gelesen und nie geantwortet. In meiner Branche wollten und wollen mich Menschen scheitern sehen.

Diese gezwungene Auszeit 2020 dient mir, um mich mit bedingungsloser Liebe zu beschäftigen, Vertrauen ins Leben zu spüren, göttliches Vertrauen, göttliche Liebe. Es kann nicht immer nur nach oben gehen. Es muss auch mal wieder nach unten gehen, das ist der natürliche Lauf der Dinge. Daraus resultiert, dass es für mich und viele andere im Moment weniger Geld gibt.

Die Frage, die ich mir durchaus gestellt habe, ist, wie viel Geld brauche ich wirklich? Oft gehen wir arbeiten, um uns Dinge zu kaufen, die wir nicht brauchen, um Leute zu beeindrucken, die wir nicht mögen. Ich habe meine Kosten auf ein Minimum runtergefahren, um die Liquidität hochzuhalten. Ich habe meine Auszeiten immer genutzt, um zu ruhen und gleichzeitig Inspiration zu finden.

Da ich den Campervan besitze, schießen mir kurzzeitig Gedanken durch den Kopf, wie ich noch anderweitig neben der Moderation, Einnahmen generieren könnte: Zöpfe flechten und das ganze aus dem Van heraus auf dem Oktoberfest anbieten, übersetzen im Mobile Office, Stollen backen und mit dem Van ausfahren. Braucht es alles aber nicht.

Denn es tut sich bereits die nächste Chance auf: Gegen Mitte Mai werde ich den Campingplatz verlassen, weil meine Agentur bereits einen ersten Job als Livestream-Moderatorin für mich hat. Zum Glück kommt mir die Erfahrung beim Fernsehen zu Gute. So kenne ich die Arbeit mit In-ear, also einem Knopf im Ohr in Verbindung mit der Regie. Diese flüstert mir zum Beispiel zu, wer als Nächstes spricht, ob wir eine Schalte haben, die Gäste schon bereitstehen, oder ich spontan überbrücken muss, wir Musik spielen, oder einen Kamerawechsel haben. All diese Dinge werden mir ins Ohr gesagt, wohlgemerkt während ich parallel spreche. Ab Mitte Mai werde ich also als Moderatorin in Studios oder bei Produktionen beim Kunden vor Ort stehen. Welch ein Segen. Danke!

Ganz am Anfang zu meiner Zeit in Spanien haben mich Nachrichten erreicht, dass Menschen sich Sorgen machen oder mich sogar bemitleiden. Als sich alle mehr oder weniger im Lockdown eingegroovt haben, habe ich Nachrichten erhalten, dass ich doch alles richtig gemacht hätte, in Spanien zu bleiben. Erst bemitleiden, später beneiden.

Ich empfinde durch meine Selbstständigkeit und mein mobiles Arbeiten viel Freiheit. Es gibt einige, die sagen: „Ja du kannst das machen, bei mir geht das nicht, weil …" Dabei ist es einfach: wer will, findet Wege. Wer nicht will, findet Gründe.

Nachdem ich von der Musicalschule geflogen bin, gab es nur sehr wenige Menschen, die an mich geglaubt haben. Meine Eltern, Daniel und mein damaliger Freund, also der innerste Kern. Viele Freunde waren skeptisch. Ständig durfte ich mir anhören: „Willst du nicht mal was Richtiges machen?", oder „Du mit deiner brotlosen Kunst." Ich bin auf dem Land aufgewachsen in Ostdeutschland, wo es noch viele handwerkliche Berufe gibt. Das Showgeschäft ist hier nicht ansässig und der normale Weg ist eher eine sichere Ausbildung als Flachglas-Mechaniker. Da ich jedoch meinen Kredit, meine Hamburger Miete und meine Krankenkasse als Selbstständige zahlen musste, hatte ich gar keine Möglichkeit, nochmal unbedarft eine neue Ausbildung anzufangen. Ich musste über 1.000 Euro monatlich verdienen, um eine schwarze Null zu schreiben. Zu den Zeiten vor dem Mindestlohn haben einige Azubis in Ostdeutschland um die 350 Euro pro Monat bekommen ...

Doch Zeit zum Heulen hatte ich nicht. Denn bereits im nächsten Monat wurde das erste Mal abgebucht. Ich musste eine Lösung finden; und zwar flott. Schnelles Geld machte ich mit Promotion und Hostesstätigkeiten. Hierbei habe ich „zufällig" meinen ersten Moderationsjob ergattert, indem man mich als Krankheitsvertretung moderieren ließ. Ich merkte, dass mir die Arbeit als Moderatorin viel Spaß bringt, abwechslungsreich ist und ich die „vierte Wand" zum Publikum aufbrechen kann. Ich war Feuer und Flamme. Ich absolvierte Praktika, ein Fernstudium und ein Volontariat; alles neben der Arbeit, denn der Job war für mich immer das Wichtigste. Ich sammelte zwar Moderationserfahrung, hatte aber dennoch das Gefühl, vor mich hinzudümpeln und dass es bei anderen viel schneller funktionierte, und sie prestigeträchtigere Jobs hatten.

Ich hatte mich mit einigen freiberuflichen Moderatoren ausgetauscht und gehört, welche Bühnen sie bespielen. Ich wusste, dass ich das durch meine Expertise, Stimmbildung, Bühnenpräsenz usw. auch bieten könnte, dennoch hatte ich keine Anfragen geschweige denn Aufträge für die großen Bühnen. Ich erinnere mich an ein Gespräch mit meinem Bruder. Wir standen auf dem Garagenhof meiner Eltern und ich sagte zu ihm: „Es ist so schwer." Daniel guckte mich an und sagte: „Wenn du sagst, es ist schwer, dann ist es auch schwer. Wenn du sagst, es ist leicht, dann ist es auch leicht." Ich sagte zu ihm: „Aber es fühlt sich an wie eine Lüge. Wenn ich es als schwer empfinde, dann kann ich mir nicht sagen, dass es leicht ist." Ich habe ihm zwar zugehört, ihn aber nicht verstanden.

Ich habe diesen kolossalen Unterschied in der inneren Einstellung damals nicht erkennen können. Heute schon.

Im Nachgang kann ich sagen, dass es kein einfacher Weg war. Ich habe sicherlich über 2.000 Bewerbungen geschrieben für Promotions, Moderationen, Praktika, feste Jobs und Angebote und habe unendlich viele „NEINs" erhalten.

Einmal war ich bei einem Casting für einen Fernsehsender und hatte ein richtig gutes Gefühl. Mein Bauchgefühl liegt oft richtig, schon in dem Moment, wo ich in den ersten Kontakt trete. Ich war so schockiert und traurig, dass es nicht geklappt hatte, ich hatte fast schon eine Mini-Depression. Es war nicht nur die Absage, ich wusste auch nicht, ob ich mich überhaupt noch auf mein Bauchgefühl verlassen konnte.

Doch wenn du etwas wirklich willst, dann schaffst du es auch. Der legendäre Motivationstrainer Dale Carnegie sagte: „Ob eine Sache gelingt oder nicht, erfährst du nur, wenn du sie ausprobierst. Und ob du damit erfolgreich wirst, erfährst du erst nach 20 Jahren." Da habe ich ja noch zehn Jahre Zeit.

Genau in diesen Momenten weiterzumachen und nicht aufzugeben, das macht den Unterschied. Denn jedes „Nein" bringt dich auch dem nächsten „Ja" näher. Die „Neins" gehören einfach zum Spiel dazu. Du kannst alles erreichen, was du möchtest, du musst es nur wollen und dranbleiben.

Letzten Endes bin ich von der Musicaldarstellerin ohne Abschluss zur Gründerin geworden, habe studiert und parallel ein Unternehmen aufgebaut. Heute bin ich selbstständige Moderatorin, Bloggerin, digitale Nomadin, Katzenmama, Yogalehrerin, Coach, Speakerin, Campervanerin und nicht zuletzt: Mensch.

Alles, was man einmal erreicht hat, kann man wieder erreichen und generell kann jeder alles schaffen. Das Wichtigste ist, an sich selbst zu glauben. Denn wenn du selbst nicht an dich glaubst, wer soll es dann tun? Es ist der Kopf, das Mindset, das uns sagt, ob wir etwas packen oder nicht. Dabei hilft es, sich Ziele aufzuschreiben und vorzustellen, wie es ist, wenn man sie bereits erreicht hätte.

Ich praktiziere hierfür das Visualisieren, um Dinge und Jobs zu manifestieren, also ins Dasein zu rufen. Dabei bringe ich mich selbst in eine positive Grundstimmung und stelle mir die eigene Zukunft vor dem inneren Auge so vor, wie ich sie haben möchte. Diese positiven Gefühle nehme ich mit in den Alltag und fühle mich als ob xy schon eingetreten wäre.

Früher habe ich den Fehler gemacht, dass ich traurig wurde, nachdem ich visualisiert habe. Weil ich fühlte, dass ich meine Wünsche noch nicht erreicht habe, dass eine Trennung zwischen Wunsch und Realität besteht. Damit habe ich ausgesendet, dass ich noch nicht auf der Frequenz schwinge, wo ich hinmöchte.

Heute ist es anders. Ich stelle mir alles in bunten Farben vor und bin in Vorfreude auf das, was kommt. Aber ich hänge nicht mehr den Gedanken hinterher, wie das Ganze geschehen soll. Das Universum findet viele Wege, um das „Wie" brauche ich mich nicht zu kümmern. Denn im Prinzip ist alles schon da. Deswegen soll man reinfühlen oder sich fühlen, als wäre das Gewünschte bereits hier. Für mich war es zum Beispiel großartig, in Australien und Kalifornien mit Wohnmobilen umherzufahren und auch mal auf Campingplätzen im Homeoffice zu arbeiten. So konnte ich herausfinden, wie befreiend es sich für mich anfühlt, wenn ich meinen Traum lebe. Und wenn beim Testen herauskommt, dass es sich nicht gut anfühlt, dann ist es auch in Ordnung, denn dann weiß man, was man in Zukunft nicht möchte und auch das bringt einen im Ausschlussverfahren näher zu dem, was man will.

Des Weiteren schreibe ich mir jedes Jahr meine langfristigen Ziele und Jahresziele auf. Für die finanziellen Ziele kann man einen Trick anwenden und sich selbst einen imaginären Scheck mit Geld ausstellen. Ich habe zum Beispiel viele imaginäre Rechnungen geschrieben, an Kunden, für die ich gern arbeiten wollte, mit Tagessätzen, von denen ich träumte. Es ist schon fast gruselig, wenn man dann für den Kunden die echte Rechnung ausstellt. Da merkt man, es funktioniert.

Jemand sagte mal: „Setze deine Träume so hoch an, dass sie dich ängstigen." Ab und an lese ich in meinen alten Tagebüchern und bin überwältigt, wie konkret sich Zahlen und Kunden erfüllt haben und welche Traumdestinationen ich bereist habe.

Ich bin dankbar für viele Menschen, die mich unterstützt haben und es immer noch tun.

Du kannst es nicht allein schaffen, aber nur du allein kannst es schaffen. Das ist ein bekannter Spruch aus Therapien.

Bühne und Fernsehen funktionieren nur mit einem guten Teamwork. Dennoch: In dem Moment, wenn ich den Raum betrete, erst beim Casting, später auf der Bühne, bin ich auf mich allein gestellt. Da steht niemand neben mir und hält Händchen. Das bedeutet auch eine Menge Vorschuss an Vertrauen der Kunden. Es ist ein unglaubliches

Vertrauen, das sich durch die vielen Jahre aufgebaut hat. Ich kann mir derzeit keinen schöneren Job vorstellen.

Arbeitszeit ist Lebenszeit und wenn du tust, was du liebst, musst du nie wieder arbeiten.

Glaube an dich. Nur du allein kannst es schaffen. Das Mindset ist also eine der wichtigsten Komponenten. Ob du denkst, dass du eine Sache schaffst oder nicht, du wirst immer Recht behalten.

Ich bin im Vertrauen, dass ich auch in Zukunft einem Job nachgehen werde, der mir gefällt. Außerdem stecken die ersten Livestreams schon in den Startlöchern. Alles passiert aus einem Grund und wir werden noch früh genug erfahren, warum die Welt gerade stillsteht (physikalisch natürlich nicht). Ich nutze die Zeit, um in meinem Inneren aufzuräumen, dazu werden wir quasi gezwungen.

Tränenreiche Tage

Ich hole Wasser von einem kleinen Wasserhahn, den ich direkt zwei Stellplätze von mir entfernt, entdeckt habe. Das Wasser kann man abgekocht für Speisen und Getränke nutzen.

Daneben steht eine Bank, dort sitzt Carina, am Wasserhahn spielt Leon. Cristiano und Carina haben sich eingeteilt, dass jeder einen Tag auf den Sohnemann aufpasst und heute hat sie Schicht. Ich frage, wie es ihr gestern Abend gegangen ist und ob es neue Erkenntnisse oder Entscheidungen gibt. Nach wie vor möchte Cristiano gern zurück nach Italien, weil dort seine Familie ist, er Land und Haus besitzt und seine Chancen, Geld zu verdienen, in seinem Heimatland besser stehen. Als Chilenin kommt Carina mit der spanischen Mentalität besser klar, sie mag Italien nicht sehr. Sie würde gern bleiben. Ich sage zu ihr, dass er doch allein nach Italien fahren kann. Doch das möchte sie nicht, sie möchte, dass für Leon beide Elternteile da sind und sie findet ebenfalls, dass Cristiano ein toller Vater ist. Außerdem möchte sie nicht allein mit dem Auto so weit reisen, davor hat sie Angst. Sie ist schmerzhaft stark hin- und hergerissen.

Seit fünf Wochen bin ich nun in Malaga auf dem Campingplatz und habe meinen Nachbarn mit seinem Hund Mozart ins Herz geschlossen. Gestern Abend bin ich ein paar Runden über den Campingplatz spaziert. Jedes Mal, als ich meinen Stellplatz streifte, kam Mozart wie ein Welpe auf mich zugehopst. Ich habe gespürt, dass es anders war als die Tage zuvor, wahrscheinlich der letzte Energieschub.

Schon als ich in Malaga ankam, meinte Hannes, dass Mozart, sein Golden Retriever – ein 14 Jahre alter Rüde – in den nächsten acht Wochen sterben werde. Dieser Tag ist nun gekommen.

Heute Morgen sagt mein Nachbar, er warte auf den Tierarzt. Mozart sei heute Nacht ein paar Mal gestürzt und hat auch nicht gefrühstückt. Das traf auch mich wie ein Schlag. Wir kennen uns erst wenige Wochen, aber sind nun auch keine Fremden mehr. So warten wir eine Stunde auf den Tierarzt bei Mozart auf der Decke. Zu wissen, dass er in 60 Minuten nicht mehr bei uns sein wird, ist furchtbar.

Überhaupt einen Tierarzt zu finden, der sonntags arbeitet, noch dazu während Corona, war nicht einfach. Aber über eine spanische Freundin hat Hannes es geschafft. Nun musste es noch an der Rezeption angemeldet werden, damit das Tor geöffnet wird. Wir dürfen zwar mit unseren Wohnmobilen nicht herausfahren, aber wegen des medizinischen Notfalls darf der Veterinärmediziner hereinkommen.

Zu Zeiten von Corona ist nun alles sehr steril: mit Mundschutz, Handschuhen und ohne Hände schütteln geht es ins Wohnmobil. Mein Nachbar erbittet sich noch die letzten fünf Minuten allein mit seinem besten Freund, den er seit 14 Jahren, davon fünf im Wohnmobil, dabeihatte.

Nun stehen also der Arzt, sein Helfer, Pila, die als Übersetzerin fungiert, und ich vorm Wohnmobil in der sengenden Hitze der Mittagssonne und warten. Die wohl längsten fünf Minuten meines Lebens. Dann öffnet sich die Tür, der Arzt und sein Helfer gehen rein, die Tür wird wieder geschlossen. Erneutes Warten vorm Wagen. Mein Herz rast und ich weine. Mein Nachbar kommt irgendwann raus, weint ebenfalls. Man ist nie auf so etwas vorbereitet, auch wenn man glaubt, es zu sein.

Der Tierarzt und sein Helfer kommen heraus und sagen, wir sollen zum Meer schauen, wir sollen das nicht ansehen ... damit meinen sie, wie sie den Hund in einer Tüte ins Auto transportieren.

Bei meinen Eltern haben wir die verstorbenen Katzen immer im Garten vergraben. Hier auf dem Campingplatz geht das natürlich nicht, zumal der Hundekörper auch wesentlich größer ist und die Erde durch die Hitze zu trocken.

Eine unfassbare Situation, die immer noch nicht real ist. Ich denke, es sollte so sein, dass ich für meinen Nachbar eine Stütze bin. Der Hund hätte auch eher sterben können, als wir uns noch nicht so lang kannten. Unter den jetzigen Umständen kann er nicht zu Freunden oder Familie. Somit bin ich sozusagen die Einzige, die real hier gerade bei ihm ist. Ich überlege kurz, ob und wie ich ihn tröste. Ich hätte ihn am liebsten in den Arm genommen. Einen fast wildfremden Menschen und das zu Zeiten von Corona. Ich lege ihm dann mehrere Male eine Hand auf die Schulter. Er schluchzt.

Mozart hatte ein wundervolles Hundeleben mit vielen Abenteuern und Reisen. Er sollte nicht leiden, das hat Hannes ihm versprochen und so ist es gekommen. Wir alle wissen, dass es für ihn das Beste ist.

Die beiden Tierarzthelfer sind in die Tierarztpraxis gefahren, der Hund kommt dann ins Krematorium und mein Nachbar bekommt in zwei Wochen die Asche. Die wird in eine schöne Holzschachtel gefüllt und ein Teil in eine Art Tropfenglas, das man sich als Kettenanhänger zum Beispiel ins Auto hängen kann. Das möchte Hannes gern machen. Einzelne Teile der Asche möchte er in Spanien, Frankreich und Portugal verstreuen, an Orten, wo die beiden gemeinsam waren.

Es bleiben schöne Erinnerungen und ein trauriger Abschiedstag, an dem die Sonne doch so sehr strahlt, wie das kleine, friedliche Hundeherz.

Eigentlich hatten Hannes und ich uns heute zum Kochen verabredet. Er fragt mich, ob es okay wäre, das Essen zu verschieben, er habe keinen Appetit. Natürlich, etwas anderes hätte ich auch nicht erwartet.

Zu allem Überfluss hat Carina klein beigegeben. Sie verkündet, dass sie morgen mit Cristiano und Leon abreisen werde. Sie fahren zurück nach Italien. Sie werden bis nach Barcelona fahren und dann die Fähre nehmen, nach Civitavecchia, kurz vor Rom.

Am nächsten Morgen treffen wir uns zum Yoga. Carina, Cristiano und Leon kommen zum Verabschieden vorbei. Die Yoga-Community und ich begleiten sie bis zum Tor, das ausnahmsweise geöffnet wird. Wir winken und wissen nicht, wann wir uns wiedersehen. In so kurzer Zeit ist mir die Gemeinschaft wie eine zweite Familie ans Herz gewachsen. Viele Tränen sind in diesen Tagen geflossen.

Flynn kommt nach seiner Abendrunde rein und hat ein tränendes Auge. Wahrscheinlich leidet er mit mir mit. Oder er hat einen Zug bekommen. Insbesondere Tiere, die es nicht von Haus aus gewohnt sind, draußen zu sein, können leichter Entzündungen bekommen. Ich möchte nicht zum Tierarzt gehen, denn dafür müsste ich wahrscheinlich Flynn in seine Box packen und mit ihm zur Tierarztpraxis laufen.

Am nächsten Morgen ist es noch nicht besser. Ich frage Hannes nach Augentropfen für Tiere, aber er hat sofort nach Mozarts Ableben, alles in eine Mülltüte gepackt samt Decken, Futternäpfen und Tiermedizin. Ich gehe zu David und Lorena. Sie haben zwei Hunde und vielleicht haben sie ein Mittel. Sie haben nicht direkt ein Medikament, aber geben mir drei Teebeutel Kamillentee mit. Ich soll Kamillentee kochen, ein Taschentuch eintauchen und damit Flynn das Auge sanft auswischen.

Wir verabreden uns für den Abend zum Yoga. Mittlerweile ist die andalusische Sonne so heiß, dass wir morgens kein Yoga mehr machen können. Sofort danach brühe ich einen Kamillentee für Flynn auf und behandele ihn mit den abgekühlten feuchten Taschentüchern. Er lässt es wieder einmal tapfer über sich ergehen. Wir werden sehen, wie es ihm bekommt.

Kochen und Philosophie

Die Tage vergehen mittlerweile rasch. Mein Kühlschrank sagt mir, wann ich wieder einkaufen soll. Hannes auch, denn ich kaufe für unser gemeinsames Abendessen ein. Ich habe gar nicht gemerkt, dass ich schon wieder drei Tage nicht draußen war. Auf dem Weg zum Einkaufen laufe ich an der Promenade entlang. Die Straßen sind leergefegt, ruhig und vergessen. Ich bewundere die Rosen, die im Mai schon blühen. Die Natur gibt mir in diesen Tagen viel.

Draußen am Supermarkt müssen alle Schlange stehen, weil nur eine bestimmte Anzahl an Menschen hereindarf. Jeder bekommt Plastikhandschuhe. Jedes Mal betrauere ich die Berge voll Müll vor dem Laden. Wir waren schon einmal soweit mit dem Gedanken an eine bessere Umwelt. Nun wird massenhaft Plastik verschwendet für Einweghandschuhe, Tests und To-go-Produkte.

Hamsterkäufe gibt es aber nicht mehr.

Alle müssen mit Einschränkungen leben, auch Flynn. Schließlich hatte ich nicht geplant, so lange zu bleiben. Nach dem Einkauf muss ich erst einmal ausprobieren, ob er mit dem spanischen Futter klarkommt, denn er hat einen empfindlichen Magen. Doch das Fressen scheint zu schmecken. Dank Kamillentee tränt das Auge zum Glück auch nicht mehr. Im Endeffekt möchte doch jeder Zuneigung, wenn er krank oder traurig ist; kleine Kinder, Erwachsene und auch Tiere.

Ich koche jetzt noch öfter mit Hannes. Er geht total darin auf, tagsüber das Essen zu planen, vorzubereiten und abends dann gemeinsam zu speisen. Diese Routine in seinen Tagesablauf lenken ihn vom Trauern ab.

Ab und an esse ich mal Fisch. So gibt es Dorade, die Hannes im „Omnia" zubereitet. Das ist im Grunde genommen so etwas wie ein Ofen für Wohnmobile, mit dem man zum Beispiel Gerichte überbacken kann. Sieht aber eher aus wie eine Pfanne mit einem Deckel und wird auf den Gasherd gestellt. Wir kochen in seinem Wohnmobil, denn draußen ist es zu windig, sodass die Flamme vom Gaskocher ständig ausgehen würde. Das hat den Nachteil für Hannes, dass das ganze Wohnmobil nach Knoblauch und Fisch riecht, was zum Schlafen unangenehm sein kann. Aber angebratener Knoblauch riecht erst einmal vorzüglich.

Ich decke schon einmal den Tisch mit Platzdeckchen, Besteck und Weingläsern. Dabei fällt mir die Fernbedienung seines TVs in die Hände. Ich habe meinen Fernseher extra abbauen lassen, weil ich die Natur und nicht das Abendprogramm genießen möchte. Ich muss schmunzeln, als ich seine Fernbedienung wegräume. Ich fasse sie einfach an und lege sie zur Seite. Warum ich das so theatralisch beschreibe?

Nun, das erinnert mich an eine Moderation auf einer Messe für einen japanischen Kunden. Es ging ums Thema „Smart Home", vernetztes Leben, wo man nicht nur mit der Fernbedienung Geräte einschalten kann. Wenn man das smarte Zuhause betritt, misst das Haus den Blutdruck, weiß sofort, was man essen soll, bereitet die Nahrung automatisch zu und nachts wird die Haut im Schlaf beträufelt, für einen frischen Teint. Soweit das Zukunftsszenario.

Wir standen in einem Wohnzimmer und ich wollte eine Fernbedienung im Set an einen anderen Ort legen, weil es für mich von der Handhabung in der Abfolge der Schritte einfacher erschien. Ich fragte, ob das in Ordnung sei und plötzlich rauschten acht japanische Köpfe zusammen, die zehn Minuten diskutierten, ob sie damit einverstanden wären. Japaner sind sehr hierarchisch und möchten unbedingt ihre Rangfolge beim Entscheiden einhalten. Nach einer kurzen Absprache durfte ich die Fernbedienung dann verrücken. Wie sagt man so schön? Andere Länder, andere Sitten.

Ein weiterer Kunde, ebenfalls aus dem Land der aufgehenden Sonne, liefert Chips für Fernbedienungen, ebenso wie für Handys, Computer und Autos. Sie arbeiten nach der Monodzukuri-Philosophie. Das bedeutet übersetzt „Produktion" oder „das Machen von Dingen" und ist in Japan ein Buzzword. Es steht für die Arbeit in einer Manufaktur, die die Japaner perfektioniert haben, einige sagen, dass sie deswegen heute Marktführer seien.

Als ich für einen dieser japanischen Kunden gearbeitet hatte, buchte dieser Kunde mich nicht direkt, sondern arbeitete mit seiner Agentur aus Japan zusammen. Diese wiederum hat eine europäische Agentur, die dann eine deutsche Agentur beauftragt hat, die dann mich gebucht hatten. Ein Insider hat mir verraten, dass die Japaner, für die ich dann auf der Messe stand, den doppelten Tagessatz zahlen, von dem, was ich am Ende bekomme. Branchenüblich sind 20 Prozent Provision für eine Agentur. International will jeder etwas vom Kuchen mitverdienen.

Apropos Kuchen … Ich hole schnell was aus meinem Van. Heute habe ich kleine Torteletts gekauft, hole Pudding und Erdbeeren aus meinem Kühlschrank und streiche den Kuchenboden mit Pudding ein. Dann platziere ich die roten Früchtchen und voilà, fertig ist der Campingkuchen ohne Backen, denn im Wohnmobil besitzen die Wenigsten einen Backofen.

Die süß duftenden Erdbeeren stimmen mich nachdenklich. In Huelva, circa drei Autostunden westlich von Malaga, gibt es große Erdbeerplantagen. Dort wird ein Drittel aller europäischen Erdbeeren angebaut und die haben in Spanien auch Ende März schon Saison. Das liegt an der Wärme. Wenn man aber bedenkt, wie trocken der Boden ist und wie viel Wasser verbraucht wird, um das ganze Obst und

Gemüse zu wässern, dürfte man diese Erdbeeren eigentlich nicht essen. Es gibt dort über 2.000 wilde Bohrungen für Brunnen, die illegal das Wasser nach oben pumpen. Die Naturregion Donana ist Heimat für unzählige Tierarten. Die Bohrungen sind verboten, teilweise wurden Brunnen auch schon wieder verplombt. Donana ist stark von der Hitze betroffen und übermäßiger Wasserverbrauch lässt den Grundwasserspiegel sinken. Die Naturregion verkleinert sich, Tiere finden nichts zu essen, müssen daher mehr trinken und letztlich ihren Lebensraum verlassen. All das, damit wir im März Erdbeeren essen können. Von den Arbeitsbedingungen auf den Feldern und in den Treibhäusern ganz zu schweigen. All das geschieht keine 2.000 Kilometer von Deutschland entfernt.

Illegale Brunnenbohrungen, Überfischung, Brandrodung – überall greift der Mensch ein und achtet die Natur nicht.

Hannes bringt mich auf andere Gedanken. Da er nun nicht mehr mit seinem Hund Gassi gehen kann, hat er mich gefragt, ob wir abends, vor allen Dingen nach unserem üppigen Essen, Runden über den Campingplatz drehen wollen für circa 20 Minuten.

Beim Laufen kommen wir ins Gespräch. Ständig höre ich in letzter Zeit von ihm den Satz: „Eines steht fest, nach Corona wird die Welt nicht mehr so sein, wie sie war." Daraufhin zitiere ich von den Sportfreunden Stiller: „Applaus, Applaus für deine Worte …", ich fahre fort: „Hannes, das ist die simpelste, philosophischste und gleichzeitig lächerlichste Aussage, die man machen kann – und sie trifft 100 Prozent zu. Buddha sagt: ‚Schau einen Fluss an, schau weg, schau wieder hin – der Fluss hat sich verändert.' Alles verändert sich, das Leben verändert sich stetig. Es gibt nur diesen einen Moment." Hannes antwortet nicht. Ich fahre fort: „Im Augenblick liegt alles Leben.", ein weiteres Zitat von Buddha. „Das Problem ist, dass die meisten Menschen Angst vor Veränderungen haben. Es ist etwas Neues, sie kennen es nicht. Angst vor der Ungewissheit. Neu ist oft erst einmal negativ behaftet, etwas Unbekanntes. Das kann man auch gut bei Menschen beobachten, die als Flüchtende nach Deutschland gekommen sind und vom einen oder anderen kritisch beäugt werden. Der Abstand besteht nur, weil neu andersartig ist. Unsere Großeltern wussten nach dem Zweiten Weltkrieg auch nicht, wie es weitergeht. Alles war zerbombt, keine Häuser, keine Schulen mehr da, mitunter keine Männer."

Da es mich eh beschäftigt, möchte ich an dieser Stelle eine Enttäuschung loswerden. Warum haben wir Frauen damals kaum neue Firmen gegründet und sitzen wir nicht ganz oben auf den Stühlen? Wir leben in einer patriarchalischen Gesellschafft. Wir haben diese leider selbst so mitentstehen lassen.

Ich fahre mit meinem Standpunkt – wie es weitergehen soll – fort. Die Leute wussten nicht, wo sie etwas zu Essen herbekommen können. Hamsterkäufe? Fehlanzeige. Es gab nämlich nichts zu hamstern.

„Mein Opa Rudi ist immer losgegangen und hat gesagt: ‚Ich saus mal und guck, ob ich etwas zu essen kriege.' Dennoch wurden Kinder gezeugt und trotzdem wurde wieder aufgebaut, ein Stein auf den anderen. Die Menschen damals haben uns eine wunderschöne Bundesrepublik erbaut, OHNE zu wissen, was kommt und wie sie sein soll." Dabei bin ich etwas lauter und schneller geworden.

„Im Moment ist doch alles gut: Wir können die Luft noch atmen, es ist keine Atomverseuchung, bei der wir für 1.000 Jahre in Quarantäne leben müssten, es fallen auch keine Bomben. Ich möchte nicht die Einzelschicksale klein reden, viele Menschen sind gestorben. Aber die Frage ist: woran? Ob durch oder mit Corona, oder durch Selbstmord wegen Existenznot oder Vereinsamung? Kaum bis gar keine Zahlen werden erhoben über die Menschen, die ihre Tätigkeit aufgeben müssen, die nun noch mehr häusliche Gewalt erleben, deren Kinder geschlagen oder vergewaltigt werden." Bedrücktes Schweigen bei uns beiden, nur tiefes, rhythmisches Atmen.

Dann setze ich langsam nach: „Es gibt auch positive Auswirkungen: Kinder sagen, dass es toll ist, dass Mama und Papa so viel zu Hause sind. Einige finden, zu Hause zu unterrichten großartig, mitunter besser als in der Schule, kein Mobbing mehr. Wir könnten neue Bildungswege schaffen. Homeoffice ist nun auf einmal möglich, auch bei Ämtern funktionieren Online-Anträge, Unterschriften für Kredite können online abgegeben werden, Familien und Freunde telefonieren öfter als vorher. Den Fokus auf die wirklich wichtigen Dinge richten, das haben doch jetzt schon viele gemacht. Ich sag immer, wenn du nicht raus kannst, dann geh nach innen."

Ein philosophischer Spaziergang, der nicht nach 20 Minuten beendet ist. Ich fühle mich ein wenig wie ein Hundeersatz, doch das ist vollkommen in Ordnung. Und so drehen wir unsere Runden über den Platz wie eingesperrte Tiere. Das sind wir auch in gewisser Weise.

Als ich vom Verdauungsspaziergang nach Hause komme, steht Meister Petz schon an der Tür für die nächste Entdeckungstour. Der Kleine dreht nun nachts seine Runden, wie es sich für einen richtigen Freigänger gehört.

Der Campingplatz ist abgesperrt und umzäunt und nachts ist es nun warm genug, dass ich die Schiebetür einen Spalt offenlassen kann, damit Mister Neugierig jederzeit rein und raus kann. Das findet er klasse, denn in der Evolution der Katze sind keine Türen vorgesehen.

Der Salonkater ist zum Abenteurer geworden und erschließt sich neue Welten. Und obwohl er nun die Freiheit genießt, benutzt er weiterhin brav das Katzenklo zu Hause mitsamt neuem, spanischem Katzenstreu. Bei Instagram würde man sagen: „pawsome", also eine Mischung aus „awesome" wie toll und „paw" für Pfote.

Die beste Zeit für Veränderung ist JETZT

Warum ist jetzt die beste Zeit? Das ist ganz einfach. Viele Menschen sagen, die Zukunft sei im Moment so unsicher. Und das war vor Corona anders? Wer kann denn in die Zukunft schauen? Und wer konnte es vor Corona? Eben.

Die Menschen der Nachkriegsgeneration nach 1945, die hatten Probleme. Die wussten nicht, was sie und ob sie abends etwas auf dem Essenstisch haben. Sie haben „einfach" angefangen etwas zu tun und damit das Wirtschaftswunder kreiert. Es kann nicht immer weiter nach oben gehen mit der Wirtschaft, mit den Umsätzen. Wir haben schon vor Corona eine Inflation, also eine Geldentwertung, erlebt. Das war spürbar bei teureren Produkten und gleichbleibenden Löhnen, das ist Fakt.

Dennoch halte ich es gerade deshalb für eine großartige Gelegenheit, das umzusetzen, worauf man selbst Lust hat. Die Karten werden neu gemischt.

Die Grenze zwischen Arbeit und Freizeit ist bei mir fließend, das ist vielleicht auch manchmal „der Fluch" der Selbstständigkeit. Abends oder am Wochenende noch schnell was posten und um die Kommentare kümmern, oder Veranstaltungen von Kunden besuchen, sehen und gesehen werden, das ist alles Teil des Business. Der Übergang zwischen privat und Geschäft ist durchaus fließend. Aber wie ich eben sagte, es macht Spaß und ich lerne ganz oft spannende Menschen und Geschichten kennen. Mein Job ist abwechslungsreich; egal ob ich in einem Abendkleid auf einer Bühne stehe oder mit Gummistiefeln im Wald. Das ist auch das, was ich mit Gypsy, meinem Campervan, lebe; ich liebe es, meine Yogaleggins anzuziehen, rumzufahren und neue Gegenden zu erkunden. Ich liebe es genauso schick auf der Bühne/vor der Kamera zu stehen, mit High Heels und schönen Roben.

Wenn ich dann mit einem schicken Outfit aus dem Van komme, sind einige erstmal verblüfft. Es geht eben beides: Business und Entspannung, gelebte Work-Life-Balance. Von der Bühne ins Grüne. Das ist meine Workation; Reisen und Arbeiten, Freizeit und Business.

Das kannst du auch spüren. Höre in dich rein, was macht dich glücklich, mit wem und womit möchtest du deine Zeit verbringen? Jetzt stehen die Zeiger gerade auf Veränderung, die Welt sagt es dir schon.

Was würdest du tun, wenn du damit kein Geld verdienen müsstest?

Tu es. Geld ist nur eine Illusion.

Streiche alle Wenns und Abers.

Mach es.

Oft schiebt unser Verstand aus Angst Ausreden vor. Wer will, findet Wege, wer nicht will, findet Gründe.

Eliminiere alle Einwände, warum etwas nicht funktionieren sollte.

Manchmal liegen die wahren Gründe aber nicht im Außen, sondern im Inneren. Wir haben Blockaden, wir haben Verletzungen, wir haben schlechte Erfahrungen gemacht oder wurden schlecht behandelt. Wenn mich etwas triggert oder ich mich provozieren lasse, lasse ich die hochkommenden Emotionen zu. Später schaue ich mir an, warum ich so reagiert habe. Manchmal werden uralte Verletzungen immer wieder getriggert. Das können wir auflösen.

Bei einem Telefonat spricht eine Freundin über das Ho'oponopono-Ritual. Das ist ein hawaiianisches Vergebungsritual, dabei kann man anhaftende Verbindungen lösen, um dann neue Wege zu beschreiten. Es war ein Zoom-Call mit einer Gruppe. Dabei habe ich mich in meinen Van verzogen. Die Ritual-Leiterin Renate erklärt erstmal mit ein paar einführenden Worten, worum es geht. Dann sollen wir es uns gemütlich machen und die Augen schließen. Sie leitet uns an, ruhig zu atmen, nur auf die Ein- und Ausatmung zu achten. Ich habe Kopfhörer auf und ihre Stimme dringt in mein Ohr. „Stell dir vor, du bist auf einer Wiese, du siehst Obstbäume und pflückst Äpfel vom Baum. Du trägst einen großen Korb vor dir, den du füllst. Plötzlich siehst du über einer Kuppe eine Gruppe von Menschen auf dich zulaufen. Sie sind friedlich. Zuerst erkennst du nur einen Pulk aus Menschen, sie kommen näher, dann erkennst du ihre Gesichter. Es sind alles Menschen, mit denen du noch nicht in Frieden lebst. Sie kommen auf dich zu und stehen vor dir. Du siehst ganz klar ihre Gesichter. Du gehst zu jedem Einzelnen und spürst, ob du ihm oder ihr einen Apfel aus deinem Korb geben möchtest. Der Apfel steht für die Sachen, die du vergeben möchtest. Du entscheidest intuitiv, ob du ihnen einen Apfel gibst oder nicht. Ihr schaut euch in die Augen, jeder Einzelne geht nun mit oder ohne Apfel.

Wenn du fertig bist, kommt eine zweite Gruppe von Menschen auf dich zu. Sie alle tragen einen Apfel und du kennst jeden einzelnen. Dies sind Menschen, die dir noch etwas vergeben wollen. Nun sind sie an der Reihe und überlegen, ob sie dir vergeben können. Falls ja, geben sie ihren Apfel in deinen Korb. Wenn alle Personen gegangen sind, bleibst du auf dem Feld und spürst in dich hinein."

Ich spüre in mich hinein und es ist unerklärlich, was in meinem Körper passiert ist. Ich fühle mich wesentlich leichter und friedlicher. Nicht alle Menschen haben meinen Apfel angenommen oder mir einen Apfel gegeben. Dazu, meinte Renate, bedarf es nach einiger Zeit einer oder mehrerer Sessions, um auch dort Vergebung zu lernen. Ich legte mich anschließend ins Bett und erlebte einen festen Schlaf, weil mein Körper all das erst begreifen musste.

Endlich raus

Wir dürfen raus! Nach sechs Wochen heißt es von der spanischen Regierung, dass jeder eine Stunde raus darf, aber nur zwischen 6 und 10 Uhr oder zwischen 17 und 20 Uhr. Ich kann es kaum erwarten und stelle mir den Wecker auf 6 Uhr. Das hätte ich nicht tun brauchen, denn ich bin so aufgeregt, dass ich ohne Wecker aufwache. Ich hüpfe aus dem Bett, ziehe meine Sportsachen an und möchte joggen gehen, um in meiner Stunde möglichst weit zu kommen. Seit sechs Wochen habe ich die Ausläufer der Sierra Nevada hinter mir und kann als Wanderfreund kein einziges Mal die Gipfel besteigen, sondern nur anglotzen.

Ich entscheide mich für „rechts" am Meer, denn tendenziell ist alles „links" die Strandpromenade und der Weg zum Supermarkt, wo ich nun wirklich jeden Stein kenne. Rechts geht es in Richtung Malaga, wo ich bei meiner Ankunft noch fix mit dem Auto durchfahren durfte. Ich habe meine dänischen Freunde gefragt und sie meinten, direkt nach einer Kurve müsse man die Straße überqueren, um eine kleine Wanderung auf den Gipfel zu meistern. Steffen sagte mir schon, dass unten am Berg ein Grundstück sei, wo Hunde wie wild bellen. Die wären aber eingezäunt und daher ungefährlich. So ist es auch. Ich überquere die Straße und komme nur in die Nähe des Grundstücks, da wird schon gekläfft, aber wie. Der Berg führt ganz schön steil hinauf und die Sonne drückt um 7 Uhr schon ordentlich. Es ist Anfang Mai und Andalusien zeigt, wofür es bekannt ist: Sonne satt.

Als ich oben auf der ersten Etappe des Berges ankomme, wird meine Freude schnell getrübt, denn überall befindet sich ein Maschendrahtzaun. Es erinnert eher an ein privates Grundstück. Der Zaun jedoch ist an der einen Stelle so weit aufgebogen, dass locker zwei Menschen nebeneinander durchpassen würden. Ich denke an meinen Kater

Flynn, der nachts immer allein umherschweift. Vielleicht war er auch schon oben auf dem Berg. Er hätte sicherlich diese scheinbare Barriere durchschritten. Ich denke: „Wenn ich eine Katze wäre, hätte ich mich auch durchgezwängt." Schließlich bestehen Grenzen, und dazu zählen Zäune, nur in unserem Kopf. Das sagte einmal Udo Lindenberg. Und weiter: „Die Grenzen sind gefallen, sie müssen nur noch in unseren Köpfen fallen." Recht hat er, sage ich als DDR-Kind und daher geht es ab durch den Zaun.

Die Landschaft ist herrlich südmediterran, ich sehe riesige Pusteblumen, so groß wie mein Handrücken. Ganz oben auf dem Gipfel thront ein zerfallenes Haus. Das wäre in renoviertem Zustand sicherlich mehrere Millionen wert und hat den perfekten Standort für ein Tiny House.

Jetzt, wo ich in Spanien wandere, habe ich viele Erinnerungen an den Jakobsweg. Da ich im Sommer gepilgert bin, wenn alle Europäer Ferien haben, war es das ein oder andere Mal eng mit Unterkünften und so kam es nach einer Weile, dass ich mit drei Leuten am Strand schlafen musste. Das ist nicht erlaubt, aber die spanische Polizei ist im Sommer dafür blind. Wir machten ein kleines Lagerfeuer und breiteten unsere Schlafsäcke aus. Ich konnte durch die körperliche Ertüchtigung auch gut schlafen. Morgens wachte ich gegen 6 Uhr auf und sah einen gigantischen Sonnenaufgang. Dort standen hinter uns auf dem Berg schicke Häuser, ähnlich wie hier. Eine Erkenntnis trage ich seitdem in meinem Herzen: Es gibt für alle den gleichen Sonnenaufgang am Meer, egal ob wir von der Drei-Millionen-Villa aus zuschauen oder aus dem Schlafsack am Strand.

Eine weitere Erkenntnis neben der, dass ich auf dem Jakobsweg das Vertrauen ins Leben gefunden habe, ist, dass die Reise immer weiter geht. Als ich in Finisterre, am sogenannten Ende der Welt, den 0,000-Kilometer-Punkt überschritten hatte, war ich sehr traurig, dass diese

Reise nun zu Ende war. Nach der Besichtigung des Kaps und des Leuchtturms musste ich allerdings wieder drei Kilometer zurück zu meiner Unterkunft laufen. Also war meine Reise doch noch nicht ganz zu Ende, denn ich konnte ja nicht minus drei Kilometer laufen. Somit geht die Reise immer weiter und es gibt keinen Abschied und keinen Anfang. Diese Erinnerungen berühren mich oben auf dem kleinen Gipfel der Sierra Nevada sehr. Ich lasse meinen Blick über den Strand schweifen und erkenne unseren Campingplatz. Sechs Wochen habe ich dort ausgeharrt, sechs Wochen in einer unglaublich tollen Community – frei und doch eingesperrt.

Ich mag es nicht, den gleichen Weg zurückzulaufen, so versuche ich, eine neue Strecke zu finden. Ich laufe erst einen Schotterweg entlang und komme zu einer asphaltierten Straße. Diese laufe ich bergab und erkenne von meiner Anhöhe aus eine Firma, die Sand und Steine transportiert. Jedenfalls gibt es riesige Förderbänder, die auch nicht stillstehen. Also muss es sich doch um ein Privatgelände handeln. Schleunigst kehre ich um, muss also den asphaltierten Weg doch noch einmal nach oben keuchen, um mir dann schlussendlich – wie wahrscheinlich meine Katze – den Weg durch den Zaun zurück zum Campingplatz zu bahnen.

Rechtzeitig bin ich wieder da. Ob die spanische Polizei kontrolliert, wie lang jeder Einzelne weg war? Fast ausgeschlossen. Der Rad- und Wanderweg vorm Campingplatz entlang des Strands ist so voll mit Menschen, überall gibt es ein lautes „Hallo" und Geschrei, die Spanier sind außer sich.

Eine junge Dame möchte die Welt umarmen und kommt mir euphorisiert vor. Ich vermute schwer, dass sie sich aus einer „anderen Dimension" Unterstützung geholt hat. Baden darf man übrigens noch nicht, aber Wassersport treiben. Somit sieht man viele Surfer und Stand-Up-Paddler. Ein wenig neckisch ist das schon. Ich darf nicht am

Strand spazieren und mit meinen Füßen baden, aber wenn ich auf das Stand-up-Board möchte, darf ich eben jenes Wasser durchschreiten. Das ist die gleiche Logik wie beim Gassi gehen.

Apropos: Mein Hundefreund Hannes musste vor fünf Tagen sehr hastig weg, weil er etwas Berufliches in Deutschland zu klären hatte. Schade, so kurz vorm Zeil des gemeinsamen Herausgehens. Wir wären sonst in zwei Wochen zusammen in Kolonne losgefahren. Nun warten auf mich neue Projekte in Deutschland und so langsam wird es bei der Sonne im Auto ohne Klimaanlage zu heiß für Flynn. Die Zeit bis zur Abfahrt möchte ich unbedingt noch genießen.

Kurz davor ist Carina gefahren und nun längst mit ihrem Sohn Leon und ihrem ehemaligen Freund Cristiano in Italien angekommen. Über Zoom hat sie an Online-Yogaklassen teilgenommen.

Wahnsinn, so viele sind schon gegangen. Nun stehe ich auf meiner Seite des Platzes komplett allein. Damit habe ich allerdings kein Problem. Flynn findet es auch gut. Der Abschied fiel mir zwar schwer, dennoch standen wir mit unseren beiden Türen direkt gegenüber wie eine WG auf engstem Raum. Ein bisschen Freiraum tut mir gut.

Ich bin zwar immer viel gereist, aber habe nie ein High-School-Jahr oder ein Auslandssemester gemacht. Ich war Au-pair-Mädchen in Frankreich, aber auch nur zwei Monate im Sommer zur Überbrückung zwischen zwei anderen Mädchen, weil ich damals schon selbstständig war. Ich hatte nie in meinem Leben „keinen Plan" und habe mich nie einfach treiben lassen. Jetzt habe ich das Gefühl, das hier ist meine Zeit, wo ich in mich gehe und gleichzeitig einfach keine Verpflichtungen habe. Der Zeitpunkt ist dafür gerade da und ich nehme ihn dankend an.

Und ich werde dabei wunderbar aufgefangen von meiner Community. An diesem Abend kommt die Frau von Carlos, Christina. Sie war die ganze Zeit während des Lockdowns in Granada, circa eine Stunde von uns weg und durfte nicht kommen. Nun kommt sie endlich. Dafür arrangiert Carlos ein kleines Willkommensfest. Wir schieben abends verschiedene Tische zusammen, jeder bringt seinen Stuhl und etwas zu Essen mit. So haben wir ein multinationales Abendessen und geredet wird Spenglisch.

Mike und Pauline kommen aus England. Die beiden haben zwei schwarze Katzen, die aber zu Hause geblieben sind. Flynn auch gerade – also bei mir im Van. Mike spricht einen so krassen Dialekt, dass ich ihn kaum verstehe.

Gleiches gilt für Carlos und sein Spanisch: Er hat so einen heftigen Akzent, dass es sogar für Einheimische schwer ist, ihn zu verstehen.

„Richtiges Leben"

Manchmal fragen mich Leute, was ich beruflich mache und „Wann es wieder in das richtige Leben geht." Da freue ich mich immer, dass ich sagen kann: Dies ist mein „richtiges" Leben. Ich mache keinen Urlaub, keinen Ausflug: Ich liebe meinen Job, lerne immer neue Leute kennen und freue mich, wenn ich unterwegs bin und die Welt bereise; beruflich wie auch privat. Ich kann es nicht oft genug sagen: mein Leben ist eine Workation.

Ich arbeite manchmal weniger, manchmal deutlich mehr, die Grenzen zwischen Freizeit und Arbeit sind dabei fließend. Das heißt, wenn ich mit Kunden am Frühstückstisch sitze oder wir noch ein Teamabendessen haben, dann stelle ich das nicht in Rechnung; als Arbeitszeit zählt es aber dennoch, genauso wenn ich nach München anreise. Das mache ich ja nicht aus Jux und Tollerei.

Ein Beispiel: Bei einem Messetag kommen schnell 15-Stunden-Tage zusammen, manchmal acht Tage am Stück. Beim Frühstück mit dem Kunden bin ich nicht privat, hinterher geht es zur Messe, da gebe ich immer 150 Prozent und hinterher gibt es meist noch ein Teamevent. Letztens hatte ich einen zwölf-Stunden-Dreh, vorher mit Hair- and Make-up in der Maske und hinterher noch die Rückfahrt nach Hamburg. Schwups waren 18 Stunden auf der Uhr.

Daher achte ich so darauf, anschließend meine Akkus wieder aufzuladen und das mache ich liebend gern in der Natur oder – wenn ich meinen Job und die Reiserei mit dem Van verbinden kann. Ich empfinde meine Arbeit und meinen Lebensstil als bereichernd: #gypsylifestyle und #workation.

Dazu gehört für mich übrigens auch, privat keine Uhr zu tragen. Klar, die Uhrzeit ist auch auf dem Handy. Aber ich höre auf meinen Körper.

Wenn ich lange schlafen will, dann schlafe ich lange. Und wenn ich mal morgens um fünf Uhr wach werde, dann breche ich die Zelte ab, beziehungsweise das Vorzelt vom Van =) und fahre los. Dann mache ich das, weil es mir mein Körper und meine Intuition sagt.

Wer hat gesagt, dass man 40 Stunden pro Woche arbeiten MUSS?

Natürlich hängt der Rhythmus mit der Natur zusammen; die Erde dreht sich in 24 Stunden einmal um sich selbst und in 365 Tagen um die Sonne. 24 Stunden sind ein Tag, 365 Tage sind ein Jahr. Dieses wird geteilt in zwölf Monate, die wiederrum in 52 Wochen geteilt werden. Und eine Woche hat sieben Tage. Aber wer hat jetzt gesagt, dass Menschen 40 Stunden pro Woche arbeiten, zwei Tage pro Woche frei und 25 bis 30 Tage Urlaub im Jahr haben? Wenn eine Tätigkeit in einer Stunde erledigt werden kann, die andere in acht Stunden erledigen, dann reicht doch eine Stunde am Tag aus. Es liegt am Arbeitsschutz. Es sollte nicht mehr als 40 Stunden pro Woche gearbeitet werden. Ehrlicherweise arbeiten jedoch viele Menschen viel mehr. Ist das gut?

Beantworte die Frage für dich selbst. Die andere Frage lautet: Wird sinnvolle Arbeit verrichtet? Und von wo? Corona hat uns nun gezeigt, dass in vielen Fällen Homeoffice, Telearbeit oder remote arbeiten möglich ist. Warum dann ins Büro?

Bei mir ist das so was von anders. Manchmal arbeite ich überdurchschnittlich viel, auch an Feiertagen, über Wochen hinweg, ohne wirkliche Pause. Dann gibt es Phasen, wo ich weniger zu tun und länger frei habe. Meistens arbeite ich jedoch auch am Wochenende, bzw. habe generell nicht zwei Tage pro Woche frei. Selbst und ständig oder ständig für sich selbst.

Ich liebe das Buch „Die 4-Stunden Woche" von Timothy Ferriss. Darin schreibt er, dass man mit weniger Arbeit nicht nur auch ans Ziel kommt, sondern sogar mehr erreichen kann. Er ist mein Vorbild. Er schreibt dort auch: Frag mal Leute, wenn sie im Lotto gewinnen würden, was sie machen würden. Die Antwort lautet oft: eine Weltreise. Die Leute glauben, dass eine Weltreise Millionen kostet. Doch wenn man zum Beispiel als Backpacker unterwegs ist, kann man viel von der Welt sehen, auch mit einem kleinen Budget. Mit der Billig-Airline Scoot bin ich beispielsweise 1. Klasse nach Australien geflogen für nur 800 Euro! Ich habe insgesamt über 40 Länder bereist per Flieger, Auto, Bahn, Schiff, Fahrrad und zu Fuß. Das kostet keine Million.

Recherchiere mal, wie viel dein Traum kostet, um die Energie freizusetzen, die es dafür braucht. Leute, die dir sagen: „Du schaffst das nicht", findest du immer. Frag sie mal, ob sie es schon probiert haben. Die Antwort wird dich verblüffen, oder nicht?

Außerdem ist es schön, Geld zu verdienen, um sich Träume zu verwirklichen und nicht um des Geldes Willen.

Träume nicht dein Leben, lebe deine Träume.

Das Schöne ist, meine Erinnerungen an die atemberaubenden Reisen kann mir keiner nehmen. Die Sonnenuntergänge mit Walen in Australien, sich paarenden Leoparden, lachenden Kindern auf einer Insel in Kambodscha oder ins Gesicht eines Orang-Utans zu schauen, gehören zu den schönsten Momenten meines Lebens.

Ich habe schon Feedback von einigen Lesern meines Blogs und Followern bekommen, die meinten, sie hätten nicht gedacht, „dass ich so drauf bin". Sie meinten damit, im Campervan zu reisen. In der Tat: Beruflich schätze ich es, professionell zu arbeiten, eine gute Leistung zu liefern, hohe Schuhe, Bühnen-Make-up und schicke Kleidung zu tragen, von leger über business, business-casual bis hin zu chic und haute-couture. Privat schätze ich die Natur, Ruhe und Einfachheit. Ich trage im Urlaub nie oder kaum Make-up und reise auch mit Rucksack sechs Wochen durch die Welt mit fünf T-Shirts und zwei Hosen.

Es geht beides, lässig und schick. Als ich nach San Diego zu meinem Business-Job reiste, tourte ich vorher sechs Wochen durch Amerika und Kanada. Ich hatte einen Temperaturunterschied von minus 20 Grad in Kanada bis plus 20 Grad in Kalifornien. Alle meine Sachen habe ich in meinem Rucksack mitgenommen, von Messekleidung über dicke Wintersachen bis hin zum Bikini. Das Einzige, was ich nicht im Rucksack hatte, waren hohe Schuhe. Die habe ich in San Diego gekauft, ich wollte auf der Messe ja nicht in Flipflops laufen. Heute erinnern die Highheels mich immer noch an meinen Auftrag dort.

Ich achte dabei darauf, dass ich meine Kleidung gut miteinander kombinieren kann, sie funktional ist und dennoch schick aussieht, und dass die Kleidung gerollt werden kann. Denn das spart nicht nur Platz im Rucksack, sondern die Kleidung ist dann auch knitterfrei.

Man kann also auch mit zwei Hosen und fünf Oberteilen auskommen. Ich merke, dass mein Leben immer minimalistischer wird.

Je weniger ich besitze, desto freier fühle ich mich. Im Campervan und beim Reisen, da bin ich einfach 100 Prozent ich, Gypsy Lifestyle – das ist mein richtiges Leben.

Antritt der Rückreise

Hannes ist gefahren. Carina ist gefahren. Janine wird gefahren sein.

Am letzten Abend kommt Lorena um 19.15 Uhr vorbei und fragt, ob wir ein letztes Mal zusammen Yoga machen wollen. Das bejahe ich, sage ihr aber, dass ich noch aufessen muss. Sie fragt mich: „Aber was isst du jetzt?" Ich antworte wahrheitsgemäß: „Abendbrot." Das kann sie als Spanierin nicht verstehen, um 19 Uhr Abend zu essen. Die meisten Spanier essen erst gegen 21 Uhr.

Später am Abend treffen wir uns noch ein letztes Mal in dieser Runde. Einige sind nun schon gefahren, andere werden folgen. Auch unser alter Schwede Peter wird den Platz nächste Woche verlassen, ebenso planen die Dänen ihre Rückreise. Am Abend ist noch einmal Zeit für uns, denn so werden wir nicht mehr zusammenkommen. Alle haben Zeit, was sollen sie auch sonst zum Lockdown abends machen? Und so wird getanzt und geherzt.

Der Abschied fällt sehr schwer. Diese Community war während der zwei Monate meine zweite Familie. Wir haben ab und an alle zusammen gegessen und jeder hat etwas mitgebracht. Ein paarmal haben wir abends getanzt unterm Sternenhimmel, barfuß und bei Mondschein. Es war grandios.

Nun warten in Deutschland neue Projekte auf mich und ich gehe gestärkt und geliebt aus dieser Situation.

Doch erst einmal muss ich meinen Heimweg antreten. Das ist gar nicht so einfach. Nachdem ich mein Auto zwei Monate in Spanien stehen gelassen habe, geht die Batterie nicht an. Ist das etwa ein Zeichen, dass ich länger bleiben sollte? David, der Yogalehrer, kommt mit seinem kleinen Fiat Punto, den er neben seinem Wohnmobil noch mit auf dem Platz hat und gibt mir Starthilfe. Das lenkt mich ehrlich gesagt von der Traurigkeit ab, denn dicke Krokodilstränen kullerten bei der ersten Verabschiedungsrunde meine Wangen herunter. Dann fahre ich los.

Alle stehen Spalier und winken mit ihren T-Shirts. Auf dem Beifahrersitz liegt ein gemaltes Bild, was ich von Pila bekommen habe, auf dem steht „Bis bald". Und wieder fließen die Tränen ...

Wir waren in dieser Zeit zusammen, doch sollten wir uns wiedersehen, wird es wahrscheinlich nicht in dieser Konstellation sein. Ich habe alle in mein Herz geschlossen.

Es ist ausdrücklich nur erlaubt, auf Autobahnen – also auf schnellstem Weg – zurück nach Deutschland zu fahren. Ich fahre in Spanien direkt zur Tankstelle. Der Diesel ist auf dem Tiefststand seit Jahren: 89 Cent kostet ein Liter, weil niemand sein Auto benötigt.

Am meisten Angst habe ich vor der Nacht, da ich weiß, dass Flynn dann aus dem Auto gehen will. Aber es sind keine Campingplätze mehr geöffnet. Ich wäre also gezwungen, irgendwo auf der Autobahn zu übernachten. Im Vorfeld haben mir alle Nationen einfach viel Erfolg gewünscht, nur meine Landsleute überhäuften mich mit guten Ratschlägen und Warnungen. Die Deutschen erzählten mir alle möglichen Horrorszenarien von Überfällen (die sowieso immer stattfinden können). Es soll wohl viele Gauner geben, die sich genau diese Situation zunutze machen usw. Eine mögliche Quarantäne könnte mir bereits in Frankreich drohen. Dies erwies sich allerdings als Fehlinformation. Jedenfalls fühle ich mich ins Mittelalter zurückkatapultiert, wenn ich daran denke, dass ich mich als Frau in Europa nicht mehr sicher fühlen können soll, allein zu reisen.

Ich bin aber irgendwann mit der Besorgnis in Resonanz gegangen, weil ich selbst unschöne Erfahrungen mit der spanischen Polizei gemacht habe. Das eine Mal beim Einkaufen und ein anderes Mal am

Tag des Lockdowns. Da sagte mir ein spanischer Polizist, ich solle nach Hause gehen, wo ich ihm entgegnete: „Das ist mein Zuhause." Nun ist Spanisch eben auch nicht meine Muttersprache. Daher hatte ich die dänische Familie mit Tochter Zalina, die des Spanischen mächtig ist, und den Schweden gefragt, ob wir bei Abreise gemeinsam in Kolonne zurückfahren wollen. Wir alle sind nicht gern Fahrer, die in Kolonne fahren. Aber besondere Umstände erfordern besondere Herangehensweisen. Durch meine kommenden Jobprojekte war ich gezwungen, doch eher zu fahren als gedacht. Anfang Mai, als Hannes abgereist ist, war mir aber zu früh. Andererseits, dachte ich, ist es vielleicht ganz gut, dass ich alleine fahre. Denn ich werde den ganzen Tag fahren müssen bis ich müde werde, so circa 1.000 Kilometer, damit ich möglichst weit komme. So hatte ich es mir vorgenommen.

Die Fahrt durch die Sierra Nevada ist wunderschön. Rechter Hand sehe ich das Meer in der Sonne glitzern. Dann fahre ich durch schroffe Berge, wo ich immer wieder in kleine Ortschaften und Täler schauen kann, ein erhabenes Gefühl. Und weiter, vorbei an Küstenabschnitten vorbei, wo ich wirklich viel Strecke mache. Gegen 20 Uhr komme ich tatsächlich in Barcelona an. Es hieß vorher, man muss immer Autobahn fahren. Jedoch steht auf den Schildern, dass man nach 20 Uhr in Barcelona auch nicht mehr auf der Autobahn fahren darf. Also fahre ich nun Landstraße. So sehe ich zumindest noch kleine Dörfer und erlebe etwas spanisches Flair. Es ist lange hell.

Ich bin schon fast an der französischen Grenze, merke aber nun doch, dass ich müde werde. Bei Dunkelheit möchte ich keine Grenze passieren. So halte ich an einer verlassenen Tankstelle an. Vor mir steht ein LKW. Auch hier sind alle Lichter aus. Flynn will nun natürlich nach alter Manier die Welt draußen erkunden. Ich lasse ihn einmal kurz hinaus, danach muss er rein und darf nur noch auf dem Dach spazieren. Zum Glück regnet es, weswegen die Fellnase schnell wieder zu mir kommt und wir kuscheln uns gegen 22 Uhr ins Bett.

Gedankenkarussel, Mind fuck

Ich kriege kein Auge zu.

Ich wälze mich die ganze Nacht hin und her, ich liege in meinem Van im Bett und weine, ich habe fürchterliche Angst.

Und dann denke ich mir: „Wovor habe ich eigentlich Angst?" Ich merke, es ist die pure Überlebens- oder Todesangst. Als ich das erkannt habe, habe ich mich diesen Ängsten gestellt und bin alles durchgegangen:

Also, es kann sein, dass jemand vorbeikommt, einbricht und mein Geld oder die EC-Karten mit PIN will. Okay, go for it ... nicht weiter schlimm.

Zweite Möglichkeit: Sie wollen den Van klauen. Das ist im Prinzip auch nur eine materielle Sache. Aber wenn Flynn dadurch auch verschwinden würde, nicht auszudenken ... Meine Katze ist in gewisser Weise mein Kindersatz und das wäre mit das Schlimmste, was überhaupt passieren könnte. Ich würde nicht wissen, wo er ist, ob er Fressen hat, überfahren wird, sie ihn rausschmeißen, ob er überlebt, oder, oder ...

Das nächste Szenario wäre, dass sie zu meinem Van kommen und entweder mein Geld wollen, vielleicht auch nicht mein Geld, sondern etwas anderes. Dass sie mich vergewaltigen wollen. Davor habe ich höllische Angst. Und dann habe ich mir gesagt: Okay, wenn Gott mir in diesem Leben diese Aufgabe stellt, dann muss ich da durch. Ich bin ein gläubiger Mensch und denke, wenn es passieren soll und muss, dann soll es wohl so sein ...

Es gibt Menschen, die haben wegen Beschaffungskriminalität schon für 27 Euro getötet. Falls es so kommen sollte, dann ist hier das Ende … Das Worst-Case-Szenario.

Ich liege also in meinem Bett und weine fürchterlich. Dann kommt mir der Gedanke: Ich befinde mich gerade in meinem Van, habe ein trockenes Bett, ein Dach über dem Kopf, es ist eine regnerische Nacht und kein Mensch weit und breit zu sehen, nichts zu hören. Warum weine ich? Weil ich in Gedanken vier Schreckensszenarien durchgehe, ohne dass es derzeit überhaupt einen Grund dafür gäbe.

Ich finde es wirklich schlimm, dass ich mich teilweise wie ins Mittelalter zurückversetzt gefühlt habe, auch wenn ich in meinem Hightech-Van unterwegs bin. Gut, so hightech ist er an sich nicht, eher im Gegenteil; Ich habe versucht, auf ganz viel Technik zu verzichten, weil ich es einfach nicht brauche. Es sollte eher „back to the roots" und minimalistisch sein. Doch die Angst war nicht minimal, die war maximal.

Viele haben mich zu Beginn bemitleidet oder sich Sorgen gemacht. Doch ich bin aus freien Stücken geblieben und wollte mich meinen eigenen Dämonen stellen. Das habe ich getan.

Ich versuche mit der Aufmerksamkeit bei meinem Atem zu bleiben. So schaffe ich es, mich zu beruhigen und schlafe irgendwann doch friedlich ein.

Grenzüberquerungen

Am nächsten Morgen bin ich um 4 Uhr hellwach, ohne einen Zwischenfall in der Nacht. Ich mache mich auf den Weg, um wieder über 1.000 Kilometer zu fahren, damit ich keine weitere Nacht im Ausland verbringen muss.

In Spanien gehe ich noch einmal vor der Grenze für nur 86 Cent pro Liter tanken, um in Frankreich darauf zu verzichten, denn dort kostet der Diesel satte 1,50 Euro.

Frankreich

Hier ist es obligatorisch, eine Erlaubnis bei sich zu haben, woher man kommt, wohin man will und was der Reisegrund ist. Diese fand ich auf der Seite der Bundesregierung. Dort hat man einige Auswahlmöglichkeiten, warum man reist.

Meine Erklärung, dass ich zurück nach Deutschland möchte, um zu arbeiten, fanden die französischen Beamten recht seltsam und entgegnen: „Arbeit?" Durch meinen Französisch-Leistungskurs und meine Zeit als Au-pair-Mädchen komme ich aber ganz gut mit den französischen Beamten zurecht. Nach einem kurzen Check meines Ausweises darf ich meine Reise fortsetzen.

Die Autoreise durch Frankreich gefällt mir. Es geht vorbei an Weinbergen, durch Lyon und Nantes und über viele Brücken, wo ich die Rhone unzählige Male quere. In einem Wohnmobil oder Campervan sitzt man höher und ich kann den Ausblick hervorragend genießen. Frankreich ist einfach immer eine Reise wert.

Zwischenziel Limburg an der Lahn

Mit Hörbüchern und stundenlangen Telefonaten schaffe ich die Strecke von 2.200 Kilometern bis Limburg in zwei Tagen und mit nur einer Übernachtung im Ausland. Ich bin die ganze Zeit selbst gefahren, denn Flynn wollte nicht ans Steuer. Ich war noch nie so froh, deutschen Boden unter meinen Rädern zu haben.

Doch etwas war auffällig: Sobald ich die französisch-deutsche Grenze passiert hatte, waren plötzlich viel mehr Autofahrer unterwegs, fast so wie „früher". In Spanien war ich so gut wie allein, das war gruselig. In Frankreich war es etwas voller. In Deutschland spielen wir das bekannte Spiel, alle fahren auf der linken Spur und sind aggressiv beim Fahren. Es wird aufgeblendet oder fast hinten reingekrochen. Das Autofahren ist in mediterranen Gefilden deutlich angenehmer.

In Limburg besuche ich die Freundin meines Bruders. Flynn und ich schlafen weiterhin im Van auf dem Garagenhof. Ich denke, es wäre für Flynn zu viel Stress, in eine unbekannte Umgebung zu kommen. So bleiben wir im Van und er kann nachts den Garten unsicher machen, jedoch jederzeit an seinen bekannten Rückzugsort zurückkommen. Es wird nachts trotz Standheizung sehr kalt, da die Eisheiligen ihrem Namen alle Ehre machen, von 25 auf fünf Grad Nachttemperatur.

Ab 15. Mai 2020 gilt in Deutschland und vor allen Dingen in Nordrhein-Westfalen keine Quarantäne für aus dem Ausland Eingereiste mehr. Da habe ich wieder einmal Glück.

Ich bin richtig froh, wieder in Deutschland zu sein. Bei anderen Reisen habe ich immer einen umgekehrten Kulturschock. Ich habe zum Beispiel in Indien Menschen in Slums gesehen, hungernd auf der Straße, oder Drogenabhängige, die keine Chance auf Rückkehr in ein geregeltes Leben haben. Selbst als ich vom Jakobsweg aus Spanien zurückkam, fünf Wochen in der Natur wanderte, habe ich mich in Deutschland wie ein Alien gefühlt. Du steigst in den Flieger, kommst am Flughafen an, setzt dich in den Bus und die Leute meckern, weil der Bus fünf Minuten zu spät kommt, oder weil der Nächste erst in fünf Minuten da ist. Ich habe es auf Sri Lanka erlebt, da kam ein Zug nicht und ich fragte: „Wann kommt der Nächste?", und bekam als Antwort: „Na, in vier Stunden." Da regt sich keiner auf und da gibt es auch keine Fünf-Euro-Verzehrgutscheine ... Natürlich stehen wir wirtschaftlich woanders. Was ich sagen will: Das erste Mal bin ich wirklich glücklich, zurück in Deutschland zu sein, das kenne ich von anderen Reisen nicht. Ich habe einfach ein sicheres Gefühl, es ist mein Heimatland, ich kenne mehr oder weniger meine Rechte und spreche die Sprache. Das gibt Sicherheit.

Ängste

Ängste sind negative Erfahrungen aus der Vergangenheit, die wir auf die Zukunft projizieren. Dann leben wir nicht im Moment. Im kollektiven Gedächtnis ist noch sehr viel Angst vorhanden. Das heißt, einer Gruppe von Menschen wird ein gemeinsames Gedächtnis unterstellt, auf das die Individuen zugreifen können. Allein schon, dass ich mich als Frau in Europa ins Mittelalter zurückversetzt fühlte, deutet darauf hin. Andererseits leben wir mitunter auch noch so primitiv wie im Mittelalter. In meinem Job habe ich definitiv sexuelle Belästigung, grobe Kommentare, Hinterntatscher beim Foto machen, dumme Anmachsprüche, Dickpics und anderes erlebt. Daher habe ich auf jeden Fall, ich nenne es mal, mit „unangenehmen Erfahrungen" zu tun, die Angst hervorrufen können.

Eine meiner besten Freundinnen hatte Probleme auf der Arbeit und wollte dennoch nicht kündigen, weil sie Angst hatte. Ich fragte sie: „Wovor hast du Angst? Vor der Kündigung oder ohne Job dazustehen?" Ich meinte zu ihr: „Du kriegst sowieso einen neuen Job. Und selbst wenn nicht, in Deutschland gibt es Arbeitslosengeld und Hartz IV." Natürlich bin ich kein Freund davon, wenn jemand zehn Jahre dieses System ausnutzt. Doch wenn mal etwas schiefläuft ist doch genau dafür unser Sozialstaat da, um alle aufzufangen. Ich denke, ihre Angst war mehr, ihren eigenen Stolz zu verlieren als ihre Arbeit oder es anderen Menschen zu sagen und als „Verlierer" dazustehen. Fakt ist aber: Was uns nicht umbringt, macht uns stärker. Alle großen, einschneidenden Erlebnisse haben uns geprägt und zeigen uns, dass das genau die Dinge im Leben sind, an denen wir wachsen. Wenn du es nicht versuchst, kannst du die Erfahrung nicht machen, dir aber auch kein Urteil darüber erlauben. Du kannst scheitern, aber dann weißt du es wenigstens. Kein Meister ist vom Himmel gefallen.

Ein Kind lernt nicht an einem Tag laufen. Es fällt tausendmal hin, bis es richtig laufen kann. Das heißt, dass es eintausendundein mal wieder aufsteht! Dale Carnegie sagt, ob eine Sache gelingt oder nicht, weißt du erst nach 20 Jahren. Das hat mich damals so motiviert, mich selbstständig zu machen. Da kann man sich kein Urteil nach zwei Jahren bilden. Bei mir hat es sukzessive bis heute funktioniert und nun nach zehn Jahren kann ich schon von mir behaupten, erfolgreich selbstständig zu sein und es wird immer schöner.

Also frage dich: Wovor hast du Angst? Auch wenn du negative Erlebnisse in der Vergangenheit gemacht hast, heißt das nicht, dass du diese in der Zukunft wieder machst. Man nennt das auch: Erwartungslosigkeit oder Bedingungslosigkeit.

Banales Beispiel: Manchmal treffen wir uns mit Menschen, die immer zu spät kommen. Und wir treffen uns das nächste Mal und gehen schon mit der Erwartung heran: Aus der Vergangenheit weiß ich, der kommt zu spät und siehe da, er kommt wieder zu spät. Dann kannst du dich über das Recht haben freuen. Es ist aber auch die Frage, wie deine Erwartung die Wahrnehmung beeinflusst.

Wie wäre es, demjenigen eine neue Chance zu geben und beim nächsten Mal für dich selbst so zu tun, als ob ihr euch das erste Mal trefft? Und dann schau mal, was passiert.

Genauso kannst du es auch mit deinen Ängsten machen, die dich davon abhalten das zu tun, was du wirklich willst. Wenn du alles machen könntest und du wüsstest, du hast damit Erfolg, was würdest du tun? Schreib es auf.

Und dann schreib alle die Ängste auf ein Stück Klopapier und spül sie anschließend die Toilette runter.

So habe ich es übrigens mit meinen Besorgnissen bezüglich des Vans gemacht. Denn meine größte Angst neben Flynn war, ob mich

Kunden dann noch ernst nehmen oder denken, die ist ein durchgeknallter Hippie. Daher stellte ich mir die Frage, ob ich es öffentlich teile oder nicht.

Dann habe ich es einfach probiert. Ich habe mir den Van gekauft und habe Flynn mitgenommen. Ich habe gedacht, das probiere ich jetzt zwei Wochen aus, wie mit einem Kind zur Eingewöhnung in den Kindergarten. Wenn er es absolut blöd findet, dann bring ich ihn zu meinen Eltern oder bringe ihn irgendwie bei Freunden unter. Und bei meinem ersten Job in München hatte ich ihn mit und er hat zwei Tage nichts gefressen. Da habe ich überlegt: Muss ich ihn zurückbringen?! Doch ich bin weitergefahren. Und er hat angefangen zu fressen, er hat sich arrangiert. Mittlerweile ist er mein treuer Begleiter, Co-Kapitän, schläft auf dem Beifahrersitz oder im Bett und erkundet nachts die Campingplätze Europas. Jetzt findet er es total spannend, dass er nachts rausgehen darf. Für mich wird es schwierig, ihn in Hamburg in der Wohnung wieder drin zu behalten. Aber das ist eine andere Geschichte.

Also überprüfe deine Ängste. Natürlich gibt es Traumata. Für jeden ist Trauma etwas anderes. Aber willst du dich dein ganzes Leben hemmen lassen, weil dir mal etwas passiert ist? Ein sehr zu empfehlendes Buch, ist zum Beispiel „Das Kind in mir will Heimat finden" – von Stefanie Stahl. Es geht um die Heilung des inneren Kindes, weil wir oft wie Kleinkinder agieren. Damit geben wir eine unglaubliche Macht ab. Für mich war die Heilung ein Prozess, eine Reise zu mir selbst, herauszufinden, wer ich bin – oder wie viele – und was ich mag. Vergebung gegenüber anderen Menschen und vor allen Dingen auch mir selbst. Damit gibt man sich selbst eine Power und ist Kreator des eigenen Lebens.

Ich habe meine Ängste überwunden und es geschafft – und Flynn auch.

Zurück in Deutschland

Da ich meine Wohnung noch bis 31. Mai 2020 zwischenvermietet habe, verbringe ich noch zwei wunderschöne Wochen bei meiner Familie im Erzgebirge. Die Freude über das Wiedersehen ist groß. Dennoch müssen wir uns erst einmal wieder beschnuppern, da ich zwei Monate in meiner Welt und sehr für mich gelebt habe. Im Juni fahre ich schließlich nach mehr als drei Monaten wieder zurück nach Hamburg, das erste Mal mit Gypsy. Ob ich dort mit dem Van einen Parkplatz finde? Ich vertraue darauf.

Flynn möchte nun gern immer raus, bei Oma im Garten ist das kein Problem. In Hamburg in meiner Wohnung habe ich einen Balkon, wo er gern auf die Brüstung springt, um sich einen Rundum-Blick zu verschaffen. Ich wusste, irgendwann würde er von der Brüstung springen, weil er im Van bei geöffneten Türen vom Bett gesprungen ist und die Brüstung vom Balkon nicht so hoch ist. Gedacht, getan. Er ist ein wirklich intelligentes Tier und versteht es, über den Balkon der Nachbarn irgendwann wieder hochzuklettern und nach Hause zu kommen.

Wir beginnen nun auch teilweise wieder bei null mit der Katzenerziehung. Alles, was ich mühselig die ersten sieben Jahre aufgebaut habe, wie nicht auf die Arbeitsplatte der Küche, auf Schränke oder Tische zu springen, muss nun mühselig wieder antrainiert werden. In der Wohnung hatte das wunderbar funktioniert. Im Van habe ich das gar nicht erst versucht, weil er kaum Platz hat.

Nun sind wir zurück in der Wohnung und er versteht natürlich nicht den Unterschied: „Warum darf ich im Van auf den Tisch springen, aber in der Wohnung nicht?" Die dringlichere Frage aber lautet: „Warum darf ich im Van raus an die frische Luft und machen, was ich möchte, aber in der Wohnung nicht?" Da sind wir wieder einmal in der Eingewöhnung.

Eine Freundin von mir sagte, bevor ich mein Abenteuer mit Flynn startete, dass wir durch die Reise sicherlich noch enger zusammengeschweißt werden. Ich dachte: „Wir sind doch schon wie Pech und Schwefel, was soll denn da noch enger zusammenkommen?" Doch dem ist wirklich so. Wir sind ein gut funktionierendes Team. Er ist mein Herz und treuer Begleiter.

Ich bin zurück in Deutschland, meinem Heimatland. Eigentlich war die ganze Aktion von mir der Supergau auf mehreren Ebenen. Ich hatte meine ganzen Aktien verkauft, um mir einen Campervan zu kaufen und dann durfte ich damit im Prinzip nicht fahren. Beim Ausbruch von Covid sagte man mir, ich werde das Auto nur mit Verlust verkaufen können, obwohl Wohnmobile an sich einen hohen Werterhalt haben. Das sieht einige Monate später aber ganz anders aus. Denn als sich im Juni langsam die Wohnwagenplätze in Deutschland öffnen, möchte jeder zwar einen Tapetenwechsel, aber nicht weit weg und da bietet sich ein Wohnmobil an. Alle Campingplätze sind überfüllt, Regionen in Deutschland, die vorher bei Touristen nicht so hoch im Kurs lagen, steigen in der Reputation, wie die Sächsische Schweiz. Ich habe ungefragt schon Angebote zum Verkauf für meinen Van bekommen.

Der Plan ist eben immer nur ein Plan. Und das Leben ist das, was passiert, wenn du dabei bist, alles zu planen.

Das ist auch gut so, Träume und Ziele zu haben. Das Ziel soll man auch nicht aus den Augen verlieren, aber den Plan kann und muss man ändern. Flexibel sein, go with the flow. Ich höre dabei auf meine Intuition.

Neue Projekte

Ich bin gut in Deutschland angekommen und der Arbeitsalltag hat mich relativ flott wieder eingeholt. Obwohl sich so viel geändert hat, ist im Grunde alles gleich: Wie immer bereite ich mich im Homeoffice auf meine Jobs vor und habe Briefings, nur gibt es jetzt viel mehr Videokonferenzen statt Live-Meetings oder Telefonaten.

Mein erster Job nach der Rückkehr in Deutschland bringt mich in die Hauptstadt.

Schonmal mit ruhigem Gewissen im Halteverbot gestanden?

Für den Job in Berlin wurde extra für mich und einen weiteren Teil der Crew direkt vor der Location ein Halteverbotsschild aufgestellt. Dort hatte ich also mitten in Berlin meinen Parkplatz und gleichzeitig mein Zuhause mit dabei, mein persönlicher Backstagebereich und meine Garderobe im Van.

Da ich einen 24-stündigen Livestream moderieren soll in Korrespondenz mit Los Angelos, beginnt meine Schicht erst um 21 Uhr und geht dafür bis morgens 9 Uhr. Ich empfinde es als Glück, dass ich meinen eigenen privaten Backstagebereich habe, wo mich niemand stört.

Bei einigen Produktionen bekommt man eine Künstlergarderobe, bei anderen nicht. Man muss auch nicht immer eine bekommen. Blöd ist nur, wenn andere Künstler eine Garderobe bekommen und man selbst nicht. Das hat etwas mit Wertschätzung zu tun, man fühlt sich dann als Mensch zweiter Klasse. Obwohl es die meisten Organisatoren nicht böswillig machen, sie denken einfach nicht dran. „Lass dein Ego draußen", stand einmal an einer Künstlergarderobe. Und im Van bleibt es schön draußen.

Ich hatte aber auch schon die umgekehrte Situation. Bei einem größeren Event hatte ich eine eigene Garderobe, Essen und einen Assistenten. Der scharwenzelte um mich herum und fragte, ob ich irgendetwas bräuchte. Als Moderatorin, die mit der Stimme arbeitet, sagte ich: „Hmm, stilles Wasser bitte." Er antwortete: „Ist schon in deiner Garderobe." Da fühlte ich mich wie Madonna. Etwas anderes konnte ich ihm nicht auftragen.

Vor der Show in Berlin bin ich am Fennsee joggen gewesen. Es bleibt noch Zeit, etwas Yoga im Van zu machen. Ich runde die Routine für mich ab mit einer Meditation, um mich in Ruhe vor der Show zu sammeln. Ich habe mich erst gesträubt, aber dann doch den Veranstalter gefragt ob ich vor Ort duschen dürfte. Sprich, bei ihm zu Hause. Campingplätze sind noch zu. Da ich mich irgendwie auffrischen muss und es in meinem Van nicht geht. Das war aber alles ganz unkompliziert. Wir sind doch alle nur Menschen und es ist, glaube ich, allen daran gelegen, dass ich frisch frisiert und geduscht ans Set komme.

Als ich meine Moderationskarten klebe, schneide und besondere Stellen markiere, ist mein Puls überdurchschnittlich hoch. Seit zwei Monaten habe ich nicht mehr auf diese Art vor der Kamera gestanden. Ich werde verkabelt und bekomme ein In-ear, damit die Regisseurin mir Anweisungen ins Ohr geben kann. Ich moderiere viele Künstler an und führe Interviews. Gegen 4 Uhr nachts habe ich einen energetischen Hänger und halte mich mit Energydrinks über Wasser. Irgendwann kommt dann aber eine Phase, da ist man drüber und das Adrenalin ist so hoch, dass es endlos weitergehen könnte.

Der Job ist gut gelaufen. Ich bin dankbar, wieder arbeiten zu können, mich vorzubereiten, zu schminken, Moderationskarten zu kleben und endlich wieder zu moderieren. Einige Kollegen wünschten mir viel Erfolg und konnten die Sendung sogar mitverfolgen. Das ist bei Live-Events nicht oft der Fall.

Nach dem Livestream am Sonntagmorgen haben wir alle mit Sekt angestoßen. Ich habe nur genippt, denn anschließend wollte ich schnell von der Bühne ins Grüne.

Meine Mama sprach zufälligerweise seit Tagen von nichts anderem als dem Scharmützelsee. Mein Bruder meinte, dass er mal in Bad Saarow gearbeitet hätte und dass dort ein toller See wäre. Den suchte ich im Internet und natürlich war es der Scharmützelsee. Ich glaube nicht an Zufälle. Also stand meine Wahl fest.

Der Scharmützelsee, 80 km von Berlin in Brandenburg, ist mit viel Grün umgeben. Allerdings gibt es auch viele Seegrundstücke, was für die Bewohner toll ist. Doch dadurch kann man nicht durchgehend am Wasser spazieren gehen. Dennoch gibt es schöne Häuser zu bestaunen und die Vögel singen wunderschöne Lieder. Eine Nacht bleibe ich auf einem Parkplatz in der Natur. Leider ist mein Solarpanel ausgefallen und somit habe ich keinen Strom. Da ich aber nichts im Kühlschrank habe und der Handyakku noch fast voll ist, stört es nicht weiter. Mein Wassertank ist auch leer. Es ist schon etwas anders, in Berlin im Regen zu stehen, anstatt in Spanien in der Sonne. Das Mittelmeer macht das Leben angenehmer. Gleichzeitig realisiere ich, dass ich mit diesem Auto zwei Monate in Spanien gewesen bin, unglaublich. Nun bin ich damit in Deutschland. Es ist wirklich schön, die eigenen vier Wände immer dabei zu haben und sich immer und überall heimisch zu fühlen. Doch so ganz ohne Strom und ohne Wasser macht mich das nicht glücklich. Dafür brauche ich in Zukunft eine andere Lösung, vielleicht einen Fünf-Liter-Wasserkanister.

Am nächsten Tag mache ich noch einen Spaziergang am See und kehre frisch und erholt zu meinem Häuschen auf Rädern zurück.

Allein reisen als Frau

Immer wieder treffe ich bei meinen Unternehmungen Frauen, die mir sagen, wie mutig ich sei, allein zu reisen. Mich allein ins Kloster in Asien zu begeben, durch Städte, am Strand oder durch Wälder zu laufen, war dennoch echt machbar.

Zudem bin ich per Bus und Bahn durch Kanada gereist und habe in Hostels genächtigt. Ich muss sagen, dass Kanada sehr sicher ist – ich habe mich sicherer als in Europa gefühlt. Das ist wirklich ein empfehlenswertes Land, wenn man/frau Angst haben sollte, allein zu reisen.

Als ich den Elberadweg von Hamburg nach Dresden geradelt bin, hatte ich mehrere Unterhaltungen bezüglich des Alleinreisens. Auf dem Weg zum Herzogtum Lauenburg fuhr ich ein ganzes Stück durch einen Wald, vorbei an schönen Campingplätzen. Dabei überholte ich eine Truppe Wanderer. Später in einem Café trafen wir uns wieder. Hierbei setzte sich eine ältere Dame zu mir und wir haben ein bisschen geklönt. Sie meinte, sie sei in einem Wanderverein und möchte die Pause gern ohne die anderen verbringen, die reden so viel. Warum sie dann überhaupt mit ihnen laufe, fragte ich sie. Sie antwortete mir, dass sie sich nicht traue, allein zu wandern. Sie wären 1,5 Stunden durch den Wald gewandert (dort, wo ich auch mit dem Rad über Stock und Stein steil bergauf gefahren bin). Es könne so viel passieren, schließlich seien sie niemandem begegnet. „So, so, niemandem." Bei allem Respekt. Die Dame ist über 70. Zuerst einmal ist es schön, dass sie noch an der frischen Luft ist und sich bewegt. Aber ganz ehrlich: Was soll passieren? Ich geh im Kopf das Gedankenkarussel Worst-Case-Szenario durch: Ein Überfall? Okay, dann ist das Geld weg. Eine Vergewaltigung? Unwahrscheinlich, es müsste ja jemand extra im Wald lauern und warten. Außerdem passieren die meisten Vergewaltigungen im Bekanntenkreis. Ansonsten Ein Mord? Nun ja, sie ist über 70 und hat den Großteil ihres Lebens gelebt. Dann hätte sie bis zum Schluss genau das gemacht, was ihr gefallen würde. Draußen, in Bewegung, in Ruhe. Zumal die meisten Unfälle sowieso zu Hause passieren und lebend kommt hier eh keiner raus. Wozu sich also Sorgen machen?

Die meisten schlimmen Dinge passieren mit hoher Wahrscheinlichkeit nicht. Ich versuche, mir meine Ängste herunterzubrechen und ihnen ins Auge zu schauen. Viele Menschen haben Angst vor der Angst, anstatt vor der eigentlichen Sache. Dennoch finde ich es toll, dass sich die ältere Dame einer Gruppe angeschlossen hat und weiterhin wandern geht, statt gänzlich darauf zu verzichten. Es gibt immer Lösungen.

Im Kloster Jerichow, ebenfalls auf dieser Tour, sitze ich im Klostergarten und genieße meinen Kaffee. Hierbei komme ich mit der Bedienung ins Gespräch. Sie ist erstaunt, dass ich allein reise. Ebenso wie eine Gartenarbeiterin, die meint, gemeinsam würde es doch mehr Spaß machen. Nun, ich sehe das so: Ich kann los, wann immer ich will, muss auf niemanden warten, kann ganz viele Pausen einlegen und muss nichts absprechen oder planen. Ich mag es auch, sich Sachen gemeinsam anzuschauen, zu teilen und den Schutz der Gruppe oder der Begleitung zu genießen. Aber wenn gerade niemand mitkommt, dann mache ich trotzdem mein Ding und mache nicht andere dafür verantwortlich, dass ich nicht reisen kann, sondern fahre einfach allein los.

Durch meinen Job bin ich sowieso oft allein unterwegs und schaue mir Dinge allein an. Für mich wäre es schwieriger, zu Hause zu bleiben und es nicht zu machen, als es allein zu machen.

Im Wort allein steckt auch all-eins, ebenso im Englischen alone = all one. Im Grunde sind wir alle verbunden. Und wenn man sich dessen bewusst ist, dann fühlt man sich nicht einsam. Da ich alleine reise, gehe ich meist auch automatisch mehr auf Menschen zu.

Ich verstehe allerdings, wenn Frauen unschöne Dinge erfahren haben und sich deshalb bewusst dagegen entscheiden. Ich habe auch weniger schöne Sachen erlebt. Aber ich finde es traurig, wenn Frauen etwas unternehmen möchten, es aber nicht machen, weil ihnen die richtige Person dazu fehlt. Die richtige Person ist man doch selbst, oder man fragt Freunde oder wählt bewusst Gruppenreisen für Alleinreisende.

Eine weitere Frage ist auch, ob mir allein nicht langweilig wird. Nun, ich kann sehr gut allein mit mir sein und durch Yoga und Meditation weiß ich, dass ich nicht allein bin. Und außerdem ist oft auch Flynn dabei und das bedeutet für mich Begleitung, Familie und ein Stück Heimat.

Reisen ohne Plan – Caminostyle

Ich habe es geliebt, auf dem Jakobsweg eben mal nicht planen zu müssen. Ich lief morgens los und hörte auf meinen Körper, wie weit ich gehen möchte. Ich finde, wir haben in unserem täglichen Leben schon so viele Verpflichtungen und Termine, da will ich nicht den Stress der Terminierung auch noch in der Freizeit haben. Reisen ohne Plan, ich nenne das Caminostyle.

Auf dem Jakobsweg habe ich mich treiben lassen. Man kann auch einen Gepäckservice in Anspruch nehmen, das heißt, sein Gepäck von einem Hostel zum Nächsten bringen lassen. Menschen, die älter sind oder Rückenprobleme haben, nutzen diesen Service, um dennoch zu laufen. Für mich persönlich wäre es nichts, schließlich möchte ich meine Sachen tragen, habe immer alles für alle Eventualitäten dabei, wie Verpflegung und Klamotten. Außerdem muss man einen Tag vorher festlegen, wie weit man laufen möchte. Auch wenn es regnet, muss man zur gebuchten Station, wo die Sachen abgeliefert werden. Manchmal ist man auch so im Flow – ähnlich dem „Runners High" – da macht man von 7 Uhr morgens bis 22 Uhr abends nichts anderes als zu wandern und läuft mal eben einen Marathon mit langen Pausen über den Tag verteilt.

Den Caminostyle habe ich sehr gut in mein Leben integriert. Seitdem plane ich viel weniger und komme trotzdem ans Ziel. Ich lasse mich von meiner Intuition leiten. Unterwegs treffe ich Menschen und beim Austausch erzählen wir uns, wo es schön ist, was man besuchen oder was man weglassen könnte, obwohl es im Reiseführer steht. Wenn eine Landschaft schön ist, mache ich einen Umweg und bleibe dort länger. Man findet schon das Richtige und die richtigen Menschen. Da wirkt das Gesetz der Anziehung. Auf dem Jakobsweg habe ich das sehr intensiv erlebt, denn dort sind die sogenannten Ley-Linien, also besondere Energiebahnen in der Erde. Das haben viele Menschen wirklich gespürt.

Wenn man offen dafür ist, erlebt man das auch im Alltag. Mich stresst es fast mehr, vorher etwas zu buchen, statt spontan etwas zu suchen. Ich werde etwas finden. Wenn xy voll ist, dann soll es nicht sein und dafür wird sich etwas anderes auftun. Ich vertraue darauf, die richtigen Menschen zu treffen und an die richtigen Orte zu gelangen. Das macht das Reisen so spannend.

So langsam gehen meine Jobs wieder los, die ersten Livestreams haben wunderbar funktioniert. Nun freue ich mich enorm, einen Medien-Innovationstag in einem bekannten TV-Studio in München zu moderieren. Von hier aus werde ich in einer Woche eine Produktion in Bonn antreten. In der Zwischenzeit mache ich genau das, was ich von Anfang an wollte: Reisen, Freunde besuchen und im Homeoffice arbeiten, mich also auf die nächsten Jobs vorbereiten, Telefonbriefings, Proben. Workation.

Nach München geht es morgens von meinen Eltern aus los. Flynn bleibt dieses Mal hier, denn im Sommer kann das Auto schon sehr heiß werden. Kaum angekommen, geht es ins kühle Studio und wir proben vor Ort. Das Ganze wird circa dreimal durchgespielt, was einige Zeit dauert. Das gibt die nötige Sicherheit für den „eigentlichen" Durchlauf bei der richtigen Live-Sendung. Alle sind relativ entspannt, weil man weiß, was und wer als nächstes kommt. Wir drehen mit drei Kameras und ich habe wieder ein In-ear, womit mir die Regie zum Beispiel ins Ohr flüstert, in welche Kamera ich wann schauen soll. Der Job läuft reibungslos.

Zum Afterwork treffe ich mich mit einer Freundin am wunderschönen Feringasee. Ich staune, dass es hier sogar eine FKK-Badestelle gibt. In Ostdeutschland gibt es das häufiger, aber mitten in München?! Am See sehe ich abends in den Büschen etwas Grünes leuchten: Die ersten Glühwürmchen der Saison.

Am nächsten Morgen möchte ich zum Walchensee fahren. Da jedoch Gewitter angesagt sind und ich auf dem Weg direkt an der Abfahrt Tegernsee vorbeikomme, lasse ich mich von meiner Intuition leiten und bleibe eine Nacht dort. Ich komme erst gegen 16 Uhr an und entscheide spontan, den See noch zu Fuß zu umrunden. Das sind 21 Kilometer, die bei gutem Wandertempo in etwa vier Stunden zu schaffen sind. Der Tegernsee ist wirklich traumhaft und der Wanderweg führt abwechselnd am See vorbei oder auf einen schönen Höhenweg. Ich beneide alle Münchner, dass sie hier mal eben so hinfahren können. Durch meine Zeit auf dem Jakobsweg kann ich mittlerweile meinen Körper und das Lauftempo sehr gut einschätzen. Da es lange hell ist, weiß ich, dass ich es definitiv bis zum Abend einmal um den See schaffe.

Am nächsten Morgen geht es also zum Walchensee. Da dort Naturschutzgebiet ist, ist wildes Campen verboten. Es gibt nur einen Campingplatz und man sollte frühzeitig buchen, denn der Platz ist bereits vormittags belegt. Auf der Fahrt kommen aber noch andere Seen und Campingplätze.

Ich parke erstmal direkt bei der Talstation der Gondel Herzogstandbahn. Die Bahn fährt auch, allerdings ist da ein großer Menschenandrang, sodass ich mich entscheide, „lieber" hochzuwandern. Ich mag keine Menschenmassen und wenn ich schon sehe, wie viele unten stehen, dann weiß ich, dass die alle oben „ausgeschüttet" werden und dort rumlaufen. Ich laufe daher lieber den steilen Anstieg zur Heimgartenhütte. Das dauert gute drei Stunden. Auf dem Schild steht „Nur für Geübte". Ordentliches Schuhwerk und gute Kondition sind obligatorisch, wenngleich ich Freizeitwanderer sehe, die in Jeans und Sandalen hochlaufen möchten. Allerdings schnaufen die auch nach den ersten 300 Metern. Der Weg ist mitunter sehr eng, wer auf Abstand Wert legt, sollte dort nicht unbedingt langlaufen. Durch den Regen ist es auch teilweise im Wald glatt und schlammig. Daher entscheide ich, nicht denselben Weg wieder zurückzulaufen, weil er mir bergab zu steil und rutschig wäre.

Oben auf der Hütt'n trinke ich wie eine Kuh. Ich werde nicht noch die dreiviertel Stunde zum Gipfelkreuz laufen, weil dort die Gondelfahrer mit schicken Klamotten wie auf einer Perlenschnur aneinandergekettet hochlaufen. Daher geht es für mich wieder zurück.

Einmal muss ich den richtigen Abschnitt verpasst haben, ich bin links gelaufen in Richtung „Kochel am See", das ist aber falsch. Ich laufe eine geschlagene Stunde in die falsche Richtung durch einen Wald, ganz allein, was mir hätte komisch vorkommen sollen, ohne andere Wanderer. An einem Schild bemerke ich mein Versehen und muss diesen Weg noch einmal hochlaufen, um an meinem Ursprungspunkt nun richtig abzubiegen. Auf dem Weg nach unten ist es insgesamt ein gemütliches Gehen. Wanderstöcke wären dennoch empfehlenswert.

Gypsy und ich verlassen Bayern und es geht weiter in Richtung Rheinland. Fünf Tage habe ich noch Zeit und keine Ahnung, wohin ich will. Ich lasse mich treiben. Auf der Autobahn komme ich an Karlsruhe vorbei und erinnere mich, dass mir eine Freundin sagte, dass von dort Straßburg nur eine Stunde entfernt sei.

Also entscheide ich spontan im Auto, mir diese Stadt anzuschauen. Es gibt keine Probleme beim Grenzübertritt nach Frankreich. In Restaurants gilt noch Maskenpflicht. Ich parke das Auto circa 1,5 Kilometer außerhalb des Zentrums und laufe von hier aus in die Stadt. Ich schaue mir meist den Markt und alle wichtigen Sehenswürdigkeiten an. Dafür kann man auch das Internet nach kostenfreien Spaziergängen durch die City durchforsten. Manchmal gehe ich essen. Auch hier lasse ich mich einfach treiben. Wenn es mir irgendwo gefällt, bleibe ich.

Frankreich ist für mich immer eine Reise wert. Ich war oft hier und startete vor drei Monaten meine Reise hier. Ich habe eine intensive Beziehung zur Tricolore. Dennoch möchte ich nicht in Frankreich schlafen, sondern steuere abends direkt das Rheinland an.

In Speyer finde ich einen kleinen, gemütlichen Campingplatz. Hier werden nur sechs Wohnmobile aufgenommen. Hauptsächlich sind es die Radfahrer, die auf dem Hof campieren dürfen. Die fahren nämlich den Rhein entlang und schlafen einfach nur im Zelt. Das inspiriert mich. Vielleicht werde ich auch mal eine Radtour nur mit Zelt machen.

Speyer hat einen Dom und ist eine herrschaftliche, süße, kleine Stadt. Zum Arbeiten ist der Platz gut, denn hier habe ich genug Ruhe für Mails, Social-Media-Pflege und Kundengespräche per Videokonferenz. Ich muss nur sicherstellen, dass ich eine gute Internetverbindung habe. Die meisten Plätze bieten WLAN an, das klappt mal besser, mal schlechter, wie hier leider.

Gerade deswegen empfinde ich es hier aber auch als besonders ruhig. Es gibt nachts keine starke Straßenbeleuchtung und so kann ich einen grandiosen Sternenhimmel beobachten. Es ist einfach, aber sauber und still. Perfekt, um runterzukommen.

Manchmal kann es gerade dadurch produktiver werden: Ich richte mein Handy als Hotspot ein, nur kurz Mails abholen und wieder raus aus dem Internet. So kann ich sehr konzentriert arbeiten.

Ein weiteres Ziel hat sich während der Woche ergeben, nämlich Mainz. Hier werde ich bei einer Freundin übernachten. Auf der Fahrt nach Mainz komme ich an Landau in der Pfalz vorbei. Hier habe ich vor einigen Jahren einmal gearbeitet. Die Stadt und die Umgebung mit den Weinbergen gefielen mir damals sehr. Außerdem führt mich meine Fahrt zu der schönen Stadt Worms, wo ich mein Auto hinterm

Dom parke, um mir eben jenen anzuschauen. Eine 6,50 Meter lange Parklücke mitten in der Stadt zu finden ist nicht immer leicht, aber in diesem Fall geglückt.

In Mainz möchte ich am Rhein picknicken. Allerdings ist das nicht so einfach, denn manchmal ist alles so zugewachsen oder Firmen grenzen direkt ans Gewässer, dass ich erst einmal eine Stelle finden muss, wo ich das Auenland auch genießen kann. Nach einigem Hin und Her finde ich aber einen Zugang. Abends besuche ich dann meine Freundin. Gypsy steht also allein im Wohngebiet.

Am nächsten Tag geht es letztlich nach Bonn. Hier kenne ich mich mittlerweile bestens aus und weiß, wo ich den großen Wagen parken kann. Denn in die meisten Parkhäuser kommt man mit einem 2,70 Meter hohen Auto nicht rein. Ich kenne das Produktionsteam und der Job verläuft gut. Bonn bildet den Abschluss meiner Tour, bevor ich den Heimweg antrete.

Vor einer Woche bin ich am Tegernsee gestartet und wusste nur, dass ich nach Bonn musste. Ich hatte keine Ahnung wie ich die Zeit dazwischen gestalte. Es fügte sich alles aneinander bis ich schlussendlich hier angekommen bin. Reisen ohne Plan, Caminostyle.

Auf den Campingplätzen, beim Wandern oder selbst auf Parkplätzen finde ich ständig Menschen, mit denen ich in Kontakt komme. Die Rheinländer sind sowieso Frohnaturen und so spreche ich mit allerlei Menschen.

Abgesehen vom Jakobsweg habe ich in Kalifornien, das erste Mal den Caminostyle der Art gelebt. In meiner ersten Nacht habe ich eine Obdachlose getroffen, die in ihrem Auto wohnt. Der Unterschied zwischen ihr und mir ist nicht groß. Auch ich verbringe einen Großteil meiner Zeit in meinem Wagen, wenngleich ich meine Küche und mein Bett dabeihabe. Sie schläft im Auto. Ich bin morgens am Strand von

Malibu joggen gegangen, sie hat gekifft. Erstaunlicherweise wollte sie mir sogar Klamotten schenken. Da habe ich zum ersten Mal gemerkt, dass Obdachlose meist viele Sachen mit sich rumschleppen. Wenn sie keine Wohnung besitzen, sieht man sie doch oft mit ein oder zwei Einkaufswagen und sie haben unglaublich viel dabei. Brauchen die den Kram überhaupt?

Die Grenze zwischen obdachlos und Pilger sein ist fließend. Was meine ich damit? Als ich den Camino gelaufen bin und total kaputt war, bin ich schnurstracks in den Supermarkt gegangen und habe mir etwas zu essen geholt und das direkt auf dem Parkplatz gegessen. In Deutschland würde ich das nicht machen. In der Nähe des Supermarkteingangs zu essen assoziiere ich eher mit Menschen, denen es finanziell nicht so gut geht. Der Jakobsweg ist ein einfaches Leben, alle Menschen sind gleich und zahlen pro Nacht fünf Euro in der Herberge. Auch, dass man seine Habseligkeiten dauerhaft mit sich trägt, erinnert mich an einen Obdachlosen. Es ist ein einfaches und doch privilegiertes Leben. Nur mit dem Unterschied, dass ich mit meiner EC-Karte jederzeit in mein Leben zurückkann und freiwillig verzichte.

Ich habe auf dem Jakobsweg sogar eine Nacht am Strand im Schlafsack übernachtet. Das hätte ich mir am Anfang der Reise auch nicht träumen lassen. Ich bin von Juli bis August gelaufen, wo ganz Europa Sommerferien hat und dementsprechend gab es an einigen Stellen einfach keine Übernachtungsmöglichkeiten. So entschieden wir uns mit drei Leuten, einer davon übrigens aus der Armee mit Überlebenstraining, dass wir am Strand übernachten.

Anfangs hatte ich Gedanken, ob uns jemand vertreibt oder ausraubt. Oder ob ich am nächsten Tag überhaupt in der Lage wäre, weiterzulaufen. Hatte ich Angst? Nein. Gottvertrauen. Da ist es wieder. Ich habe es, seit ich den ersten gelben Pfeil auf dem Jakobsweg gesehen habe. „Trust the Camino", hatte eine Freundin vorher zu mir gesagt. Lass dich leiten. Dann wird nichts passieren.

Was soll ich sagen? Es lief alles glatt und ich bin schon etwas stolz auf mich. Am nächsten Morgen bin ich sogar noch im Meer baden gewesen. Dabei ist mir etwas Ergreifendes bewusst geworden.

Wir schauen alle das gleiche Meer an.

Beim Baden schaute ich ans Ufer und sah am Strand tolle Villen, Strandhäuser, die sicherlich mehrere Millionen kosten. Wir schauen alle auf das gleiche Meer, nur dass sie Betonmauern um sich haben und ich in meinem Schlafsack auf dem Sand geschlafen habe.

Wir haben den gleichen Meerblick, nur haben wir unterschiedlich viel dafür bezahlt. Neben Yoga, Backpacker-Life und Herbergen mag ich es auch, schicke Sachen anzuziehen und mal im Fünf-Sterne-Hotel zu schlafen. Ich sage nur, dass man diesen vermeintlichen Luxus auch günstiger haben kann. Nichtsdestotrotz soll jeder seine Träume haben und leben. Die Frage ist nur: Tun die Leute das auch? Gehen diese Menschen ans Meer oder genießen sie den Sonnenaufgang?

Ich genieße jeden Tag. Im Augenblick liegt alles Leben.

Und so folge ich meinem Herzen und meiner Intuition, die mich wie ein loses Blatt im Wind zum nächsten Abenteuer bringt.

Vorsicht, Einbrecher (?)

Abenteuer ist ein gutes Stichwort, denn die Tage am Walchensee wurden überschattet von einem Ereignis.

Ich bin mir nicht sicher, ob jemand versucht hat, bei mir einzubrechen.

Ich hatte mein Auto am Walchensee abgestellt, bin den ganzen Tag wandern gewesen und war am frühen Abend so müde, dass ich mich bereits um 19 Uhr schlafen gelegt habe. Nachts gegen drei Uhr hörte ich plötzlich ein sehr lautes Geräusch, meiner Meinung nach hinter dem Wagen. Ich habe die Ohren gespitzt, aber da war nichts weiter … dennoch war ich hellwach und mein Puls auf 180. Da ich so zeitig eingeschlafen bin und noch eine lange Fahrt vor mir hatte, dachte ich mir, einfach loszufahren, denn an Schlaf war jetzt sowieso nicht mehr zu denken … Mit eingeschalteter Handylampe habe ich die Schubladen geschlossen und bin durch den Wagen über die Zweisitzbank nach vorn ins Fahrerhaus geklettert.

Einige Vans und auch Wohnmobile haben vorne nur zwei Sitze: Fahrer und Beifahrer. Diese lassen sich auch meist drehen, sodass man im Auto noch mehr Sitzmöglichkeiten hat. Mir war es wichtig, eine feste Sitzbank im Auto zu haben, denn so kann ich mehr Leute mitnehmen und es ist eben ein kleiner Einbruchschutz, falls jemand über das Fahrerhaus ins Auto eindringen würde. Angenommen, vorne wäre jemand über die Fahrer- oder Beifahrertür eingestiegen, müsste derjenige erstmal über die fest installierte Bank klettern; ich habe mein Leben lang getanzt, mache seit zehn Jahren Yoga, ich bin also wirklich sehr gelenkig und für mich ist es gerade so machbar. Als ich vorne war, meinte ich, im Seitenspiegel jemanden hinten am Auto gesehen zu haben. Ein weiteres Fahrzeug kam auf den Parkplatz, just in dem Moment, wo ich losfahren wollte und leuchtete auf mein

Auto. Ich dachte erst, es wäre die Polizei, denn in einem Naturschutz-gebiet darf man wirklich nur auf ausgeschriebenen Campingplätzen stehen. War sie aber nicht.

Da stand nun also ein anderes Fahrzeug mit Licht rechts von mir und ein weiteres links von mir. Ich bin prompt im Pyjama losgefahren mit-ten in der Nacht. Es ist nichts weiter passiert.

Auf dem Weg habe ich dann aus dem Auto heraus die Polizei angeru-fen, ob sie einen Streifenwagen vorbei schicken können, denn es standen noch weitere Autos auf dem Parkplatz.

Ich war nur froh, dass Flynn auf dieser Reise nicht dabei war. Denn er geht nachts gern raus und wäre er draußen gewesen, hätte ich natür-lich auf ihn gewartet. Dann hätte ich aber nicht so schnell flüchten können. Und ich hätte den potentiellen Einbrechern sogar noch die Tür geöffnet …

Einen Heidenschreck hat es mir auf alle Fälle eingejagt. Einbruchspu-ren habe ich nicht am Wagen gefunden. Mein Appetit auf autarkes Stehen ist derzeit gesättigt.

Ich möchte niemandem Angst machen und bin selbst diejenige, die solche Geschichten nicht hören möchte. So viele Menschen haben mir schon Geschichten erzählt, bei denen ich mich immer frage, ob das wirklich passiert ist, oder es nur vom Nachbarn oder der Cousine des Ehemanns gehört wurde.

Doch Vorsicht ist besser als Nachsicht. Ich werde mein Auto einbruch-sicher machen.

Einbruchsicherer Van

Fakt ist: Wenn jemand in ein Haus oder in einen Campervan einbrechen möchte, dann schafft er es auch.

Den meisten Dieben geht es darum, schnell etwas zu ergattern: Geldbörse, Laptop, Kamera, Karten, wertvolle Gegenstände. Es muss schnell gehen und darf keinen Krach machen.

Das Simpelste vorweg: Keine Wertgegenstände offensichtlich liegen lassen und das Auto mit der Zentralverriegelung schließen. Keep it simple. Doch es gibt auch Geräte, die die Technik, in dem Fall die Zentralverriegelung, außer Gefecht setzen. Und dann?

Ich habe an meinen Flügeltüren jeweils zwei Ösen und diese werden von innen mit einem größeren Karabinerhaken zusammengehalten. So kann von außen die Zentralverriegelung ausgeschaltet werden, die Mechanik hält die Türen trotzdem zusammen. Da kann man von außen ziehen, wie man will.

Gleiches gilt für meine Schiebetür: Auch hier gibt es einen Haken, der in die Schiebetür eingehängt werden kann, damit sie sich nur von innen öffnen lässt.

Zwischen Fahrer- und Beifahrertür kann man einen normalen Spanngurt befestigen. Diesen macht man einfach von innen an die Verkleidung der Fahrer- und Beifahrertür und so lassen sich die Türen von außen nicht mehr öffnen, da die Gurte die Türen geschlossen halten.

Etwas teurer sind zusätzliche Schlösser, einige haben so etwas auch zu Hause an der Tür in Form eines großen Riegels. Diese Schlösser lassen sich ebenfalls von innen händisch bedienen.

Die Dachfenster haben bisher keinen Schutz. Allerdings ist das Auto 2,70 Meter hoch. Da bräuchte jemand eine Leiter und ich denke, ich würde es hören, wenn jemand auf dem Auto herumläuft. Meine Ohren sind geschult, da Flynn auch ab und an aufs Dach geht. Außerdem müsste erstmal jemand durch das Fenster passen. Obwohl ich gehört habe, dass leider oft auch mit Kindern gearbeitet wird.

Außerdem werde ich nachts keine Lenkradsicherung festmachen, wenn ich selbst drinnen schlafe. Denn das könnte mich wertvolle Sekunden kosten, die ich beim Aufschließen verliere.

Ich möchte in Ruhe mit meinem Wagen fahren und sperre mich gegen den Gedanken, dass an jeder Ecke Gauner lauern. Wenn ich 10.000 Menschen begegne und 9.999 davon sind nett, dann brauche ich doch nicht ständig in Angst und Schrecken zu leben.

Etwas Sicherheit zur eigenen Beruhigung ist gut. Ich muss nur das Nötigste machen und kann dann, allein schon dadurch, dass ich mich sicherer fühle, entspannt reisen. Ich gehe auch nicht nachts in Berlin oder Hamburg in düstere Stadtteile. Ich halte es einfach so, wie ich es immer halte: Entspannt.

Woran campen in der Praxis scheitert

Um noch mehr Zeit an meinem Happy Place, in der Natur, zu verbringen, nutze ich gern die Zeit im Van-Office, um so lange wie möglich zu reisen und meine persönliche Freiheit zu spüren und zu genießen.

Im Prinzip ist es einfach: Der Campervan ist da, er gehört mir. Ich muss also keine aufwendigen Buchungsanfragen stellen, nicht schauen, ob ein Fahrzeug vorhanden ist, und auch keinen soliden Preis dafür zahlen. Meine Freundin meinte, sie konnte sich durch die Vermietung ihres Vans gut den Sommer finanzieren. Ich möchte mein Auto aber gar nicht vermieten, damit ich weiterhin unabhängig bin und weil ich auch nicht weiß, wie dann damit umgegangen wird. Da bin ich ziemlich pingelig, sogar mehr als mit meiner Wohnung. Denn wenn jemand mit meinem Auto einen Unfall bauen und es mir nicht sagen würde, dann wären sogar Leib und Leben in Gefahr bei meiner nächsten Tour.

Durch die festen Check-in- und Check-out-Zeiten auf Campingplätzen, die mit meinen Probe- oder Anreisezeiten kollidieren, ist es manchmal doch einfacher mit der Bahn zu fahren. Denn nicht immer habe ich Zeit, vorher oder hinterher einen Tag dranzuhängen, sondern fahre ausschließlich zum Job und wieder zurück und das ist dann mit der Bahn gemütlicher, weil ich während der Fahrt arbeiten oder mich entspannen kann.

So zum Beispiel Mitte September. Da hatte ich eine Produktion in der Nähe von Köln. Ich bin von meinen Eltern aus dem Erzgebirge mit der Bahn hingefahren, hatte am ersten Tag mehrere Proben, am Nächsten die Produktion und bin dann weitergefahren. Wenn ich einen Tag eher anreise und eine Nacht länger bleibe, werden aus zwei Tagen Job plötzlich vier Tage insgesamt. Am nächsten Tag musste ich sowieso weiter nach Berlin. Dort kann ich den Van ganz schlecht parken und Berlin ist nun einmal so groß, dass, wenn ich mich auf einen Stellplatz stelle, ich frühmorgens sicherlich eine knappe Stunde in die Stadt fahren müsste. Machbar, aber nicht immer praktisch, je nachdem, wann die Produktion startet. Daher ist in dem Fall die Anfahrt mit der Bahn und ein Hotelzimmer gegenüber der Location angenehmer für mich.

Auf solchen Fahrten nehme ich Flynn natürlich nicht mit, das wäre ihm wirklich zu stressig, zumal ich gar keine Zeit für ihn hätte. Er darf dann wieder mal Ferien bei der „Katzenoma" machen und freut sich auf seine Ruhe, den Garten und den Adelbert, die Katze meiner Eltern. Der freut sich im Gegenteil meist nicht, denn Flynn ist immer noch sehr aktiv und verspielt, während Adelbert mit stattlichen 17 Jahren schon unser Senior ist. Aber so ist das nun mal: Mama geht Katzenleckerlis verdienen, Flynn hat Ferien. Katze müsste man sein.

Es gibt im Winter in Deutschland kaum eine Chance, beim Camping einen Stellplatz zu bekommen. Hier geht die Campersaison meist von März bis Oktober. Kaum jemand möchte im Winter campen, obwohl das mit Standheizung möglich ist. Zwar dürfte zum Lockdown beruflich verreist werden, doch nur die wenigsten reisen beruflich im Wohnmobil, also versuche mal klarzumachen, die Reise sei beruflicher Natur.

Zusätzlich habe ich in meinem Van kein Bad. Daher fallen manche Kombinationen mit Job und Campervan flach. Es ist aber nun auch nicht so, dass meine erste Frage beim potentiellen Auftraggeber ist: „Hey, habt ihr ein Klo und eine Dusche für mich?" Das mache ich eher im Laufe des Prozesses, wenn ich schon gebucht bin. Dann kann der Kunde eventuell ein Hotelzimmer sparen und wir finden einen Stellplatz in der Nähe. Zu Messezeiten zum Beispiel sind Hotels sehr teuer. Statt 300 Euro pro Nacht, kann ich auf einem Campingplatz in einer deutschen Großstadt schon für 20 Euro nächtigen.

Aber das kommt auf den Kunden an, die Entfernung und die Umstände. Bei Auftraggebern, die ich besser kenne, platziere ich die Frage, bei anderen nicht. Da habe ich ein gutes Fingerspitzengefühl.

Die Idee, unabhängig zu sein und herumzutouren, ist großartig, aber nicht immer umsetzbar. Ich nutze es, so oft es geht und merke nach ein paar Wochen „Stillstand", dass ich unbedingt wieder losfahren möchte.

Ich bin dennoch froh, meine Wohnung zu haben. So habe ich ein Basislager, wo meine wichtigsten Papiere aufbewahrt sind und auch meine Klamotten. Privat bin ich ein minimalistischer Mensch, trage Hosen und Jacken mitunter zehn Jahre und kaufe mittlerweile oft Secondhand oder tausche Kleidung im Internet. Doch für meinen Job benötige ich einfach diverse Outfits für verschiedene Anlässe wie Kongresse, also Businesskleider, oder für Galas Abendgarderobe, aber auch Sachen im Bereich Business-Casual. Die müssen alle gelagert werden und die möchte ich nicht immer im Wagen umherfahren. Gerade wenn es draußen regnet, werden die Sachen im Van auch klamm. Ich finde es schön, die Möglichkeit zu haben, in ein festes Zuhause zu kommen und dann auch wieder mit meinem Schneckenhaus zu reisen. Die Abwechslung macht es und ich kann (meistens) frei entscheiden.

Letzte große Fahrt 2020

Die Abreise aus Hamburg fühlt sich, wie immer, wie ein halber Umzug an. Obwohl ich versuche, einen minimalistischen Lebensstil zu führen, kommt bei einer dreiwöchigen Reise doch einiges zusammen: Kleidung für die Jobs, Freizeitkleidung bzw. Sportbekleidung, mein Fahrrad, Flynns Sachen, bisschen Essen, Yogamatte, Meditationskissen usw. Ganze vier Stunden später als geplant fahre ich los. Das liegt aber auch daran, dass ich noch eine Moderation zu Ende vorbereiten und mit meinem Steuerberater eine Terminsache klären musste, weil es in drei Wochen bei meiner Rückkehr zu spät sein würde.

Zum Glück habe ich in Köln den Reisemobilhafen gebucht und kann nach einem Telefonat problemlos außerhalb der Rezeptionszeit einchecken. Der Stellplatz ist drei Kilometer von der Stadt entfernt, am Rhein mit Blick auf den Dom. Ein Taxi bekommt man recht gut und hier ist auch Share-Now-Gebiet, ich könnte mir also kurzzeitig ein Auto per App minutenweise mieten. Die Anbindung an die Stadt ist einfach. Ich habe zwar mein Fahrrad dabei, doch es regnet in Strömen, daher entscheide ich mich für ein Taxi, um trocken zum Job zu kommen.

Ich darf als Messemoderatorin für einen langjährigen Kunden in der X-Post moderieren. 1.000 Gäste werden erwartet. Die Besucher bekommen Zeitslots und es gibt ein Einbahnstraßensystem, somit kann das Event corona-konform umgesetzt werden. Nach zehn Stunden Moderation, geht es für mich am Abend als Belohnung in die Claudius Therme, ebenfalls mit einem Zeitslot.

Beim Reisemobilhafen muss man mindestens zwei Nächte bleiben. So entscheide ich mich, erst am Freitagmorgen um 4 Uhr nach Stuttgart zu fahren. Entgegen allen Erwartungen brauche ich von Köln nach Stuttgart weniger als vier Stunden ohne Stau.

In Stuttgart gibt es für mich eine Premiere. Neben der Moderation eines dreitägigen Kongresses stehe ich hier das erste Mal als Keynote-Speakerin auf der Bühne. Mein Thema ist das Reisen mit Campervan und Katze als freiberufliche Moderatorin und digitale Nomadin. Ein großer Traum geht in Erfüllung. Obwohl ich bereits vor zwei Millionen Menschen im Fernsehen moderiert und große Events bespielt habe, bin ich sehr aufgeregt, mein eigenes Thema auf einer Bühne vorzutragen. Ich habe vorher liebe Nachrichten bekommen und hinterher von den Gästen vor Ort sehr viel positives Feedback. Die Feuertaufe ist gelungen. Die Tage sind lang, es gibt Abend-Events und die Nächte sind kurz. Zum Glück habe ich aber den kürzesten Arbeitsweg, denn ich stehe direkt vor der Halle auf dem Parkplatz und kann Flynn somit auch in der Mittagspause besuchen. Einige Neugierige wollen nach meinem Vortrag auch meinen Van sehen. Die lasse ich mal kurz einen Blick drauf werfen.

Sofern die Corona-Situation es mir erlaubt, werde ich in eineinhalb Wochen wieder in Stuttgart auftreten, um in der Carl-Benz-Arena zu moderieren. Die freie Zeit bis dahin nehme ich zum Anlass, um das erste Mal den Bodensee zu erkunden. Von der Bühne geht es ins Grüne, oder in dem Fall, ans blaue (Wasser =)).

Schon wenn ich in den Van steige, habe ich dieses Urlaubsfeeling und die Entspannung stellt sich sofort ein.

Ich habe mir einen schönen Campingplatz am Bodensee ausgesucht. Ein Freund hat mir geraten, nach Meersburg zu gehen, weil dort viele Schriftsteller sind, es gibt eine kreative Energie. Außerdem hat man durch die Fähren eine gute Anbindung an Mainau, Konstanz, Lindau und die Umgebung.

Ich komme abends im Dunkeln bei Regen an und fühle mich wie in Hamburg, statt im Süden von Deutschland, auch wenn es dort gar nicht so viel regnet. Flynn war weder in Köln noch in Stuttgart draußen und ich zwinge ihn auch nicht, wenn er nicht möchte. Hier am Bodensee haben wir kaum angehalten, da springt er aus dem Auto und erkundet die Welt, ohne dass ich ihm den GPS-Tracker um den Hals machen kann. Er wird schon wiederkommen, spätestens wenn er Hunger hat. Wir haben einen tollen Stellplatz, keine 50 Meter vom See entfernt. Die Atmosphäre ist herrlich.

Es ist mir wichtig, nach den intensiven Arbeitstagen, zu entspannen, aber auch die liegengebliebenen Arbeiten im E-Mail-Postfach abzuarbeiten. Ich checke das Wetter und stelle fest, dass am nächsten Tag den ganzen Tag die Sonne scheinen soll. Daher wird die Arbeit nach hinten verschoben, da ich die Sonne für eine Erkundungstour nutzen will.

Ich möchte die Insel Mainau und Konstanz anschauen. Dafür geht es per Rad nach Meersburg zur Fähre. Da die Insel Mainau radfahrerfrei ist, stelle ich mein Fahrrad – natürlich abgeschlossen – in Meersburg ab, bevor ich zur Mainau rüberfahre. Ich genieße den goldenen Herbst auf der wunderschönen Blumeninsel. Die Gestaltung der Dekorationen ist sehr kreativ, wie zum Beispiel Büsche, die wie übergroße Enten aussehen. Es ist atemberaubend. Der Wasserfall, der kaskadenartig nach unten plätschert, schimmert durch die Steine in der Sonne golden. Sie haben auch eine sehr große Dahlien-Ausstellung und ich bin erstaunt, wie viel zu der späten Jahreszeit Mitte Oktober noch blüht. Aber es ist eben Süddeutschland und mich trennen 800 Kilometer von Hamburg.

Konstanz ist eine hübsche Studentenstadt und ich probiere meinen ersten veganen Döner, der sehr empfehlenswert ist, weil das „Vleisch" und auch die vegane Soße keinen Unterschied spüren lassen. Einige echauffieren sich ja über Veggie-Würste, -Steaks und -Döner. Doch andererseits hört man immer wieder das Argument: „Es schmeckt halt so gut." Es gibt schon geniale Alternativen. Hinterher gehe ich in eine Kaffeerösterei und platziere hier mein Mobile Office.

Ich habe ein neues Projekt gestartet; dieses Buch zu schreiben über die Zeit in Spanien und das Reisen mit Kater im Campervan.

Die Energie in Hagnau bzw. Meersburg ist wahrlich genial zum Schreiben. Es geht mir leicht von der Hand. Tipps bekomme ich in einem Buch-Schreib-Kurs mit 8 Teilnehmenden. Wir lösen jeden Tag Aufgaben und teilen unsere Ergebnisse dann in Zoom-Calls. Das hilft enorm und spornt an. Außerdem will jeder natürlich jedes Mal etwas vorweisen, das motiviert.

Neben täglichem Yoga genieße ich meinen ersten Kaffee am Morgen immer am See. Die Weinberge in der Umgebung sind prächtiger als ihr Ruf. Meersburg besitzt ein Staatsweingut und in Hagnau haben sich vor über 100 Jahren Winzer zusammengeschlossen, um gemeinsam den Weinanbau weiterhin erhalten zu können.

Das Ganze klingt zu schön, um wahr zu sein. Doch der Internetempfang, um professionell zu arbeiten, ist äußerst schlecht. Das ist Fluch und Segen zugleich. Zum konzentrierten Arbeiten empfinde ich es als hilfreich. Aber für meine Zoom-Calls muss ich mir jedes Mal einen Fleck suchen, wo das Internet funktioniert: Im Empfangsbereich, neben den Toiletten oder draußen, aber im Oktober ist es abends auch nicht mehr so warm. Daher muss ich mich irgendwo „einkaufen". So verbinde ich das „WLAN-Schnorren" mit einem netten Essen. Die schwäbische Küche hat auch für Vegetarier etwas zu bieten.

Laut Presse steigt die Zahl der Neuinfektionen. Ich bibbere jeden Tag, ob meine Veranstaltung nächste Woche in Stuttgart und auch viele weitere im November überhaupt stattfinden werden. Man kann nicht mal fünf Tage planen. Dennoch bin ich froh, an diesem schönen Fleck der Erde zu sein, mir meine Zeit für das Buch und für Yoga zu nehmen.

Alles hat seinen Sinn. Ich habe zwischen meinen Jobs, sofern der Folgende denn stattfindet, gut entspannt und mein Homeoffice am Bodensee aufgeschlagen. Absolut empfehlenswert, ich komme gerne wieder!

Wettertechnisch wird es die letzte große Fahrt im Jahr 2020 sein. Auch wenn ungewiss ist wie lange noch, mache ich stets das Beste draus, genieße den Bodensee und nehme tiefe Atemzüge, denn die Luft dürfen wir noch atmen!

Auf der Sonnenseite des Lebens

Wenn morgens die Sonne scheint, für nachmittags aber Regen angesagt ist, dann verschiebe ich die Zeit des Homeoffice auf nachmittags – sofern möglich – und genieße die Sonnenseite des Lebens, um ein Leben im Einklang mit der Natur zu führen.

Allein im Sommer gibt es so viele Möglichkeiten, das Leben zu gestalten: Zum Beispiel kann man um 6 Uhr starten, um gegen 14 Uhr Feierabend zu machen, oder man fährt früh mit dem Rad zur Arbeit, um noch etwas die Sonne und milde Luft zu genießen. Mache einfach das, was zur eigenen persönlichen Bereicherung beiträgt. Ich mag es nicht, in starren Mustern zu verharren. Nachts bleiben die Mails doch sowieso bei allen liegen, dann kann die Arbeit auch in der Früh' noch ein paar Stunden ruhen.

In Sachsen gibt es eine Redewendung: „Die Arbeit ist kein Frosch, die hüpft nicht weg." Natürlich müssen einige Dinge dringend erledigt werden. Es reicht aber auch, wenn die Mail um 22 Uhr beim anderen ankommt. Es gibt auch Tools, womit man Mails zu einer bestimmten Uhrzeit versenden kann. Das heißt, wer nachts arbeitet, kann das automatische Absenden auf morgens legen. Ich habe vorhin schonmal das Buch „Die 4-Stunden Woche" von Timothy Ferriss erwähnt, was mich sehr inspiriert hat. Er und auch andere clustern Arbeiten in vier Kategorien: Einige Dinge müssen dringend erledigt werden, also zeitnah. Andere Dinge sind wichtig, wie die Steuererklärung, müssen aber nicht unbedingt sofort erledigt werden, sondern haben einen gewissen Zeitraum bis zur Vollendung. Wieder andere Dinge verbinden beide Elemente, also dringend und wichtig, die haben natürlich oberste Priorität. Dann gibt es zu guter Letzt Dinge, die weder das eine noch das andere Adjektiv verdienen und diese Tätigkeiten kann man getrost streichen, weil es irrelevant ist, ob man sie erledigt oder nicht. So kann man seine Aufgaben einteilen und hat in der Regel mehr Zeit für sich selbst, die man zum Beispiel für (Halb-)Tagestrips nutzen kann.

Sehr entspannend finde ich auch verlängerte Wochenenden. Einfach raus aus den eigenen vier Wänden und mal etwas anderes sehen, Tapetenwechsel. Hierbei kann man beispielsweise den Laptop mitnehmen, Donnerstagabend irgendwohin losfahren, Freitag einen Tag im Mobile Office verbringen und übers Wochenende bis Montag bleiben. So ein Kurztrip kann Wunder wirken, bestenfalls mit Handy- und Social-Media-Detox, um im Moment zu sein. Man könnte dann bouldern oder segeln gehen, bei mir ist es das Übernachten in der Natur im Wohnmobil.

Instagram vs. Reality im Herbst

Das Laub färbt sich, die Sonne strahlt, man erlebt einen Indian Summer, kuschelt sich mit Decke aufs Sofa, zündet eine Kerze an und liest ein Buch.

Die Wahrheit ist: Campen im Herbst ist bei Weitem nicht so schön, wie es sich anhört. Es scheitert schon daran, dass mein Van eine Holzverkleidung hat, also bei Kerzen ist Vorsicht geboten.

Ich komme gegen 17 Uhr auf dem Campingplatz an, es ist schon fast stockduster. Außerdem regnet es wie aus Eimern, doch ich muss zuerst den Strom anschließen. Dabei muss ich aufpassen, dass ich eine wasserdichte Verkleidung für die Kabel habe. Ich habe mir dafür im Baumarkt eine kleine Box für drei Euro gekauft. Sonst würde es beim ersten Regenguss einen Kurzschluss geben und der betrifft dann meist alle auf dem Campingplatz. So macht man sich schnell „Freunde" – auch wenn sich beim Campen meist alle gegenseitig helfen.

Den Wassertank muss ich auch noch befüllen und das Abwasser muss geleert werden. Da sich mein Abwassertank im Kofferraum befindet, muss ich wohl oder übel den Kofferraum öffnen, was bedeutet, dass in dem Moment mein Bett vollregnet. Ich habe ja keinen Regenschirm, der 2,70 Meter hoch ist.

So weit, so gut. Dann steht endlich der kleine Tritt und meine Vorlegematte, die mir Hannes beim Abschied gegeben hat. Es sind die kleinen Annehmlichkeiten, manche würden es vielleicht schon Glamping nennen: Glamour Camping. Jedenfalls kann ich nun endlich meinen Van betreten. Meine Klamotten sind pitschenass und ich will nichts wie rein ins trockene Auto. Doch was mache ich mit meinen Schuhen? Nun, im Sommer kann man die draußen stehen lassen, doch im Dauerregen ist das keine gute Idee. Also nehme ich meine nassen Klamotten mit ins trockene Auto inklusive meiner vollgematschten Schuhe. Da ich ein Digital Native bin, habe ich natürlich nicht zufällig eine alte Zeitung dabei. So stelle ich meine Schuhe verkehrt herum auf ein Handtuch. Gut, dass ich immer minimalistisch reise. Oma hätte sicherlich ein altes Tuch dabei. Ich habe nur ein großes und zwei kleine Wischtücher dabei. Klar kann man alles waschen, aber ich würde keine Waschmaschine für nur ein Teil anwerfen.

Nachdem ich halbwegs trocken bin, scharrt der Kater draußen an der Tür, dass er rein möchte. Jedes Mal, wenn Meister Petz wie eine Bademaus reinkommt, putze ich ihm erst mal die kleinen nassen Pfoten und den Pelz. Das Spiel spielen wir mehrere Male am Abend. Das Ende vom Lied ist, dass mein weißes Bettlaken nun braune Tatzen besitzt – auch ein cooles Muster.

Selbst der Weg zu den sanitären Anlagen ist bei Wind und Wetter, gerade morgens oder bevor ich ins Bett gehe, einfach nass und saukalt. Außerdem ist es stockduster, also muss ich immer eine Taschenlampe oder ein Handy mitnehmen – neben Handtuch, Waschtasche und Maske. Zurück geht es leicht bergab, da besteht jetzt schon Rutschgefahr, denn ein unbefestigter Weg kann sich bei mehreren Tagen Regen in eine Schlammrutsche verwandeln.

Der Van, seines Zeichens im ersten Leben ein Lieferwagen, besitzt ein Blechdach. Jeder, der mal bei Regen unter einer Dachschräge geschlafen hat, kann sich annähernd vorstellen, wie sich das bei mir anhört. Sonores Getrommel die ganze Nacht ... und am nächsten Morgen geht es weiter ... Also für eine Meditation oder zum Arbeiten auch nicht unbedingt geeignet.

Des Weiteren müssen meine nassen Sachen und nun auch Handtücher im Auto getrocknet werden. Da hilft mir die Standheizung, die ist bei neun Grad Außentemperatur im Dauereinsatz. Ich schwöre, die beste Entscheidung meines (Van-)Lebens. Es sieht aus wie bei Hempels unterm Sofa. Ein aufgebautes Vorzelt würde da Abhilfe schaffen.

Auf Instagram würde man von diesem Erlebnis wahrscheinlich nichts erfahren, sondern nur ein kuscheliges und arrangiertes Foto sehen.

Auf Social Media postet jeder aus seinem Einhorn-Leben mit Glitzer obendrauf. Alle erleben großartige Sachen und es geht von einem Highlight ins Nächste. Selbst Models nutzen Photoshop: und noch einen Filter drauf. Junge Frauen rennen einem Schönheitsideal hinterher, was gar nicht existiert. Es wird von „Couplegoals" geschrieben und sich öffentlich die Liebe gestanden und zwei Monate später trennen sich diese Traumpaare wieder.

Auf Sumatra erlebte ich folgende Geschichte. Wir machten dort eine Dschungel-Tour, einen richtigen Abenteuerurlaub. Schon nach fünf Minuten im Dschungel war ich nassgeschwitzt. Wir Touristen sind völlig zerflossen. Wir mussten lange, helle Sachen tragen, damit man die Moskitos sieht. Wir hatten Wanderstiefel an, brauchten nur einen Minirucksack tragen, mit Wechselsachen und dünnem Schlafsack, um eine Nacht im Dschungel zu übernachten. Unsere Guides trugen unser ganzes Essen, bestehend aus Reis, Eiern, Ananas, Bananen, Mango und anderem, auf dem Rücken. Sie sind in Flipflops durch den Dschungel über teilweise einen Meter hohe Wurzeln gestiegen. Wahnsinn. Von ihnen habe ich auch gelernt, dass man, wenn es dunkel ist, immer mit einer Taschenlampe ins Getränk leuchtet, weil mitunter Tiere, auch Giftige, drin sein könnten. Jedenfalls waren wir auf einer Tour unterwegs, um freilebende Orang-Utans zu sehen. Diese Guides haben so gute Augen, dass sie diese Tiere in den Baumkronen erspähen. Die Männchen sind meist sehr tief im Dschungel und ich bin froh, dass es noch wilden Dschungel gibt. In Indonesien und Malaysia wird immer mehr wilder Dschungel wird durch Brandrodung abgeholzt, um Platz zu schaffen für neue Palmölplantagen. Das

Palmöl wird in Kosmetik und der Nahrungsmittelindustrie verwendet. Dadurch nehmen wir diesen beeindruckenden Tieren den Lebensraum, denn in den Palmen der Plantagen können und sollen sie nicht leben.

Die Orang-Utan-Weibchen kamen etwas näher heran. Das lag unter anderem daran, weil zwei sogenannte semiwilde Orang-Utan-Damen dabei waren. Die haben früher mal in Gefangenschaft gelebt und wurden ausgewildert. Daher waren sie Menschen gewohnt. Sie kamen so nah an uns heran, dass wir sie hätten berühren können. Das durften wir aber nicht. Die Guides kannten sie aber sehr gut. Die Orang-Utans waren so nah an uns dran, dass wir ihre Gesichtszüge erkennen konnten. Jeder sah verschieden aus. Ich war überwältigt.

Dann ging es knips, knips, einige Touris schossen ihre Fotos und liefen weiter. Das hat mich total traurig gemacht. Wann würden wir das nächste Mal so nah an unsere Verwandten herankommen? Orang heißt übrigens Mensch und Utan Wald. Ich blieb noch eine ganze Weile und schaute den Menschenaffen in ihre Gesichter. Wie liebevoll sie mit ihren Babys umgingen. Dieses Ereignis ist tief in mir verankert.

Ich versuche generell nicht, das perfekte Bild zu erhaschen, sondern den Moment zu genießen mit all meinen Sinnen. Im Augenblick liegt alles Leben.

Die Wahrheit ist: Es ist nicht alles Gold, was glänzt, so eben auch nicht der goldene Herbst. Denn auch die Regentage gehören zum (Van-)Leben dazu und das ist vollkommen in Ordnung. Wichtig ist doch, wie wir damit umgehen.

Als ich durch den Sonnenscheinstaat Kalifornien mit einem Camper gefahren bin, war es eines Morgens bewölkt und ich hatte gleich gar keine Lust, aufzustehen und etwas zu unternehmen. Plötzlich dachte ich mir: „Hey, es ist Mittwoch, die meisten Deutschen sitzen gerade am Arbeitsplatz, ich habe frei, bin in Kalifornien und bin unzufrieden, weil ich mit meinem Campervan 50 Meter vom Meer weg stehe und eine Wolke am Himmel ist." Sogleich hat sich meine Stimmung aufgehellt und ich hatte Lust auf neue Erlebnisse und mit einem Käffchen am Ozean bei bedecktem Himmel in den Tag zu starten.

Wir bewerten ständig: Gutes Wetter/schlechtes Wetter, hell/dunkel, Mann/Frau, gut/schlecht, weiß/schwarz; weil wir in einer Welt der Dualität leben.

Schauen wir uns ein Kind an: Mit Regenjacke und Gummistiefeln hüpft es durch die Pfützen, weil es kein schlechtes Wetter kennt, sondern die Dinge so nimmt, wie sie sind. Akzeptanz.

Es gibt wirklich ernste Probleme auf der Welt, wie Drogen-, Waffen- und Menschenhandel, Zwangsprostitution, Gewalt, AIDS, Hunger, Dürre – und ich rege mich ernsthaft übers Wetter auf?!

Ich bin ein dankbarer Mensch, dadurch genieße ich auch die kleinen Freuden des Lebens und das sind mitunter eben trockene Socken und kein Schlamm im Wohnwagen.

Es ist das, was es ist.

Reisen und Geld verdienen

Wie kann man reisen und Geld verdienen, verbinden? Es gibt viele digitale Nomaden und Journalisten. Ich zähle mich auch dazu. Heutzutage ist das Mobile Office überall mit dabei, sei es in Form eines Laptops oder aber auch eines Smartphones. Entweder man entdeckt das digitale Nomadentum für sich oder findet einen Job, der mit Reisen zu tun hat.

Ich verbinde meine Jobs mit dem Reisen. Ob ich mir von Köln aus noch Aachen, Bonn oder Trier anschaue oder versuche, noch ein paar Tage dranzuhängen. Wie zum Beispiel bei meinem Job in Baku/Aserbaidschan. Hier habe ich eine Managerkonferenz moderiert und durfte drei Tage länger bleiben. Die Flüge wurden sowieso für mich gebucht und das Hotel und die Verpflegung für die weiteren Tage habe ich selbstverständlich selbst bezahlt. Man muss nur vorher höflich fragen, fast alles ist möglich.

Ich arbeite auch als Reisejournalistin. Das heißt, ich teste Kreuzfahrtschiffe. Währenddessen habe ich Termine für Interviews und liefere hinterher einen Reisebericht. Auf einem Kreuzfahrtschiff zu arbeiten, stellt eine weitere Alternative dar, um zu reisen und dabei Geld zu verdienen. Man sollte jedoch den zeitlichen Aspekt, also wie viel man arbeitet, nicht unterschätzen. Mitunter darf die Crew auch nicht an allen Häfen raus, wegen des sogenannten IPM (In Port Manning, 25 Prozent der Crew müssen immer an Bord bleiben). Neben der vielen Arbeit ist es eine günstige Alternative zu reisen und etwas von der Welt zu sehen. Außerdem ist die Crew selbst international, somit lernt man allein auf dem Schiff schon viele verschiedene Nationen kennen.

Für Work & Travel entscheiden sich viele junge Menschen, besonders beliebt ist dabei Australien.

Um an einem Ort zu verweilen, ähnlich wie Work & Travel, kann man alternativ für ein paar Tage im Hostel mitarbeiten oder putzen, das macht zum Beispiel für Backpacker Sinn. Generell kann man schauen, ob man kleine Arbeiten verrichten kann (Erntehelfer, Muscheln sammeln, Tierschutz-Organisation, Englisch-Unterricht geben, Yoga, Sport oder Malen unterrichten, auf dem Campingplatz helfen etc.).

Auslandssemester sind auch eine Möglichkeit, um Land, Kultur und Sprachen kennenzulernen. Wenn man vor Ort zum Beispiel in einem Laden arbeitet, verdient man auch etwas dazu.

Ich war zum Beispiel Au-pair-Mädchen in Frankreich und habe einen kleinen Obolus bekommen. Außerdem hat mich die Familie in Südfrankreich zu vielen Orten mitgenommen wie Montpellier, Marseille, Tourbes und Pezenezas. Sie hatten sogar ein eigenes Boot, mit dem wir auf dem Mittelmeer gefahren sind.

Wenn man sich als Selbstständiger für ein Abenteuer entscheidet, kann man sich den Termin selbst aussuchen. In meiner Branche gibt es sozusagen Saisonbetrieb. Für mich macht es daher Sinn, von Dezember bis in den Januar zu verreisen. Man könnte auch von Sommer bis Sommer verreisen anstatt von Januar bis Dezember. So würde man in zwei Jahren weniger verdienen und somit den Steuersatz in beiden Jahren senken, statt ein Jahr lang gar nichts zu verdienen.

Prinzipiell kann man es schaffen, wenn man sehr sparsam lebt, im Jahr nur vier oder sechs Monate zu arbeiten und den Rest zu verreisen. Es gibt viele Länder, wo die Lebenshaltungskosten so gering sind, dass man dort monatelang leben kann, ohne auch nur einmal zu arbeiten. Das Teuerste sind immer die Flüge. Daher macht es Sinn, länger statt kürzer zu bleiben. In der Zwischenzeit könnte man sogar die Wohnung noch vermieten oder sogar ganz aufgeben.

Angestellte können bei einem Jobwechsel schauen, ob sie bewusst im Übergang von einem zum nächsten Job ein paar Monate pausieren, um sich eine Auszeit zu gönnen. Außerdem kann man den Jahresurlaub auf einmal nehmen, das Ganze mit Überstunden verbinden oder den Urlaub auf Ende Dezember und Anfang Januar zu legen, um längere Zeit wegzubleiben.

Ein Sabbatical ist ebenfalls vorstellbar. Das bedeutet ein Jahr Auszeit. Je nachdem, wie der Arbeitgeber das regelt, bekommt man meist im Jahr davor 60 Prozent seines Gehalts, um dann im Reisejahr ohne Arbeit die anderen 40 Prozent zu bekommen.

Wenn man sich ein passives Einkommen aufbauen kann, ist das Gold wert. Das kann über Multilevel-Marketing oder Empfehlungen funktionieren, Links in Videos oder Werbung und es gibt viele andere Möglichkeiten.

Ich habe beispielsweise Immobilien und die Mieten sind meine Einnahmen. Momentan ist dieses System noch gestützt durch einen Kredit, später ist es als Altersvorsorge und passives Einkommen gedacht.

Wir leben im Kapitalismus. Man muss die Regeln verstehen und kann damit in jeder Gesellschaftsform zurechtkommen bzw. Erfolg haben. Viele Menschen haben wenig Geld. Die Schere zwischen arm und reich wird immer größer. Finanzielle Bildung in der Schule zu lehren, wäre eine großartige Maßnahme, um dem entgegenzuwirken. In Deutschland liegen insgesamt mehr als eine Billion Euro auf unverzinsten Girokonten. Und doch sind die meisten finanzielle Analphabeten; Deutschland hat die wenigsten Wohnungseigentümer. Das sieht in vielen Ländern anders aus. In Belgien kaufen junge Menschen während oder kurz nach dem Studium ihre Wohnung, in der sie leben.

Unser System ist momentan auf einer Matrix aufgebaut, in der viele Menschen Zeit gegen Geld tauschen.

Der Sozialismus oder Kommunismus ist eine Idee, die in einer idealen Welt umsetzbar wäre. Der Sozialismus in der DDR ist unter anderem daran gescheitert, weil der Mensch zu egoistisch ist. Die Idee finde ich dennoch nobel.

Vielleicht wird Geld irgendwann wieder abgeschafft. Die ganze Welt ist menschengemacht, sie kann auch wieder verändert werden. Alle Länder, alle Gesetze, Regeln, Systeme sind von Menschen erschaffen. Gehandelt wurde schon immer, sei es mit oder für Essen, Gold, Seide, Gewürzen usw. Ich selbst habe auf dem Jakobsweg erlebt, wie wir Kiwis und Nüsse als (Bezahl-)Mittel gegen andere Waren getauscht haben.

Momentan kann man in Deutschland zum Beispiel Steuern stunden lassen, also später bezahlen. Das ist grundsätzlich toll, dass der Staat das ermöglicht. Die Frage, die ich mir stelle, ist: Wenn ein Staat Steuergelder benötigt, um sich zu finanzieren, wie kann er sich dann ohne diese Gelder tragen? Es wird, denke ich, eine Inflation geben und/oder Steuererhöhungen in den nächsten Jahren.

Meine Vorstellung von meiner idealen Welt wäre, dass ich später Land besitze und selbst mein Essen anbauen kann. Dann lebe ich autark und brauche kein Geld mehr. Wir werden sehen, ob das umsetzbar ist …

Das wäre der ideale Gedanke: von Liebe und Luft zu leben. Denn, meine größten Werte sind Freiheit, Liebe und Frieden.

Lebe deine Werte und verwirkliche deine Träume mit ihnen.

Anleitung: Wie lebst du deine Werte?

Wenn ich auf Reisen bin oder einfach durch meine Selbstständigkeit unterwegs, fühle ich mich frei. Freiheit ist einer meiner Werte, den ich lebe.

Aber um das überhaupt nach außen leben zu können, musste ich erst einmal herausfinden, was meine Werte sind. Hier findest du die Schritte, wie ich dabei vorgegangen bin.

Es gibt im Internet Listen mit einer Reihe von Substantiven, die Werte von A bis Z bezeichnen, wie zum Beispiel Authentizität, Leidenschaft, Treue, Vertrauen oder Zielstrebigkeit.

- Lade dir im Internet eine komplette Liste mit Werten herunter.
- Kreise in einer kurzen Zeit zuerst alle Werte ein, die dir wichtig sind.
- Streiche nun in Ruhe alle weniger wichtigen Werte heraus, sodass acht Werte übrigbleiben.
- Schreibe auf ein Blatt Papier jeweils vier Werte untereinander und direkt daneben die nächsten vier.
- Entscheide zwischen den Werten nebeneinander, welcher der beiden für dich wichtiger sind.
- Aus den Acht sind nun vier Werte übrig.
- Entscheide welche der vier ausscheidet, damit drei Werte verbleiben.
- Diese letzten drei Werte sind die Bedeutendsten.
- Kürze dennoch mal runter auf zwei.
- Und zum Finale, entscheide, welcher deine Nummer eins ist. Das ist dein persönlicher Wert. Der allerwichtigste.

Jetzt kennst du die „Top 3" deiner persönlichen Werte. Diese können – und werden sich wahrscheinlich – im Laufe des Lebens auch ändern. Die Selektion gibt dir auf jeden Fall einen unterstützenden Fokus.

Mein größter Wert ist übrigens nicht die Freiheit, sondern die LIEBE. Ich liebe alles, was ich tue, jeden Menschen, sei es ein mir Unbekannter oder aus meinem Inner Circle. Ich liebe Menschen, Tiere und Lebewesen, alle Steine und meine Umwelt, so wie ich mich selbst liebe. Ich lebe in einer bedingungslosen, göttlichen Liebe, da das Leben an sich Liebe ist.

Die Freiheit steht bei mir an zweiter Stelle, mein dritter Wert ist die Harmonie.

Welches sind deine drei Werte? Finde es heraus. Was möchtest du arbeiten, worin deine Energie investieren und womit dein Geld kreieren. Vielleicht fallen dir spontan welche ein, vielleicht kennst du deine schon genau oder vielleicht lebst du sie sogar schon. Glückwunsch! Wenn dir allerdings keine einfallen oder du dir derer nicht bewusst bist, dann folge gerne der Anleitung, wie oben beschrieben.

Wenn du deine Werte kennst, fällt es dir umso leichter, im Einklang mit diesen zu handeln. Du möchtest sicherlich werteorientiert leben. Schau also, wo du deine Werte lebst: im Beruf, bei den Finanzen, in deinem privaten Umfeld, deinem persönlichen Handeln und wo du dich verbiegst, weil du gegen deine Werte handelst. Dann geht es oft schwer, weil wir uns selbst nicht treu sind.

Arbeitszeit ist Lebenszeit. Daher finde ich, dass man diese Zeit mit einer für sich selbst sinnstiftenden Tätigkeit verbringen sollte. Dann fühlt es sich nämlich auch nicht nach Arbeit an.

Ich glaube nicht, dass wir hier auf der Welt sind, um wie eine Ameise zu arbeiten, 40 Stunden pro Woche zu schieben, um Geld zu verdienen, das wir größtenteils nicht brauchen, um uns Sachen zu kaufen, die wir nicht benötigen, um Leute zu beeindrucken, die wir nicht mal unbedingt mögen. Mir fehlen leistungsbezogene Bezahlung und sinnstiftende Arbeit in dem Konzept.

Am Ende des Lebens hat kaum einer gesagt, er hätte zu wenig gearbeitet. Im Gegenteil, am Ende des Lebens stellen viele fest, dass sie ein Leben geführt haben, um andere glücklich zu machen oder zu beeindrucken. Oder dass sie, wenn sie in Rente sind, gar nicht mehr fit genug sind, um all die tollen Sachen zu machen, die sie ihr Leben lang wollten.

Um meinen Wert „Freiheit" zu leben, bin ich Freiberuflerin und reise zwischen meinen Moderationen als digitale Nomadin im Homeoffice – wo auch immer das ist. Und wenn es am Strand von Malaga eingesperrt auf dem Campingplatz ist. Die Gedanken sind frei, wie Goethe so schön dichtete.

Es geht beides: Business und Entspannung, das nenne ich Work-Life-Balance, oder auch Workation.

Lebe deine Träume

Ständig höre ich von Leuten: „Ja, du kannst das machen, bei dir geht das." Ich sage dir, du kannst das auch. Wenn du es willst. Mach es einfach.

Ich höre auf mein Herz und lebe meine Träume. Ich möchte dir mit meinem Beispiel zeigen, wie du es ebenso schaffen kannst. Das könnte sein, mit einem Campervan zu reisen, auch wenn es nur an den Wochenenden wäre. Das könnte aber auch etwas ganz anderes sein. Such dir Leute, die genau das machen oder geschafft haben, was du willst.

Ich habe auch vorher im Internet gesucht, ob es so etwas gibt, dass Leute mit ihren Katzen reisen. Ja, das gibt es. Erst habe ich eine Person im Internet gefunden. Später habe ich sogar „zufällig" in Hamburg ein Pärchen getroffen, die fünf Jahre um die Welt gesegelt sind, mit ihrem Hund und zwei Katzen – auf einem Segelboot!

Auch ich hatte Bedenken, ob ich mit meinem Thema rausgehe: Reisen im Campervan zwischen den Jobs und mit Katze. Ich habe mitunter konservative Kunden und dachte: Vielleicht denken die, das kleine Blondchen nimmt ihren Job nicht ernst. Aber irgendwann, als ich so lange in Spanien war, konnte ich nicht mehr und wollte es der Welt mitteilen. Und was war die Folge? Seitdem treffe ich viel mehr Menschen, sowohl bei Kunden als auch bei Agenturen, die auch einen Campervan haben und wir haben sofort ein Gesprächsthema. Sicherlich wird es Kunden geben, die es abschreckt. Aber wenn eine Tür zugeht, tun sich drei Neue auf. Am Ende des Lebens hat noch kein Mensch gesagt, er hätte gern mehr gearbeitet. Es geht darum, Quality Time zu haben. Wie auch immer das für dich aussieht, ob mit Familie, beim Reisen, Sport oder was auch immer.

Ich habe 2013 einmal ein Pärchen auf einer Insel in Kambodscha kennengelernt. Heike und Walter, sie waren frisch, in zweiter Ehe, miteinander verheiratet. Sie wollten ein Jahr reisen, doch Heikes Arbeitgeber hat ihr nicht frei gegeben. Also hat sie gekündigt und beide haben beschlossen, sich auf eine zweijährige Weltreise zu begeben. Im Alter von 50 und 60 Jahren haben sie diese Entscheidung für sich getroffen und das, obwohl sie zu Hause einen Hof mit Tieren hatten, wo man doch sehr angebunden ist. Das waren ihre Flitterwochen. Kambodscha hat wenige Inseln, die alle ein kleines Paradies sind. Wir landeten all auf Pulau Weh. Diese Vulkaninsel hatte zum damaligen Zeitpunkt noch keine großen Hotels, noch nicht einmal eine Straße mit Autos. Man konnte die Insel nur per Boot erreichen, sie lag vier Stunden vom Festland entfernt. Ich habe die beiden beim Abendessen am Strand kennengelernt. Heike hatte Geburtstag, es war der 28. Dezember 2013. Walter hatte einen Kuchen bestellt, wobei das gar nicht so einfach war. Dort gibt es nämlich keinen Supermarkt und den Kuchen hatten sie extra am Vortag vom Festland einschiffen lassen. Jedenfalls wurde der Kuchen mit einer Kerze an den Strand gebracht und neben der Kellnerin stand eine Gruppe von kambodschanischen Kindern in ihren bunten Pyjamas. Es war zwar schon dunkel, aber Pyjamas tragen die Kinder dort oft den ganzen Tag. Heike teilte mit einem Messer den kleinen Kuchen in 32 Mini-Stücke, damit jedes Kind eines abbekam. Sobald sie ihr Stück hatten, rannten sie weg und verschlangen es regelrecht, bevor die Eltern sie maßregeln konnten, dass sie doch nicht den Kuchen dieser Frau essen dürften. Diese Szene rührte mich zu Tränen. Wie oft oder einfach können wir in Deutschland zum Bäcker gehen und uns ein Stück Kuchen holen? Für diese Kinder war es ein großes Highlight. Ein Moment, der sich mir wirklich eingeprägt hat.

Ich trage viele Erinnerungen an Kambodscha im Herzen. Auch das Silvester war traumhaft. Wir haben unter freiem Himmel in verschiedenen Strandbars mit Musik gefeiert. Es war so warm, dass wir nachts kurzärmlig draußen sein konnten. Meine Füße steckten im badewannenwarmen Wasser und am Himmel gab es einen Vollmond mit einem Halo, einem Lichtring um den Mond. Einer hatte als Feuerwerk eine einzige Rakete mit, das wars. Alle Nationen haben zusammen gefeiert und sich umarmt. Es war eines meiner schönsten Silvester. Später habe ich eine Dokumentation über Kambodscha gesehen, über diese kleine Insel und wie in dieses Paradies mittlerweile der Tourismus eingeschlagen hat. Der Urwald wurde gefällt, um Platz für große Hotelketten zu machen und Autos fahren nun auch dort. Ich freue mich dann immer, dass ich diese Orte unberührt erleben durfte. Ich möchte nicht mehr dorthin zurück. Dieser Ort ist in meinem Herzen.

Es wäre schade, wenn du dir die Chance vergibst, solche Momente zu kreieren, die es wert sind, im Herzen zu bleiben, oder?

Heike und Walter haben es geschafft, alles rings um ihren Hof zu organisieren, ich auch, um mit meiner Katze im Van zu reisen. Es findet sich für alles eine Lösung. Traurig ist, wenn du am Ende deines Lebens dastehst und das Gefühl hast, das Leben für andere gelebt oder nur andere glücklich gemacht zu haben. Denn eines kann ich dir sagen, es gibt immer jemanden, der meckern wird, egal wofür du dich entscheidest. Verdienst du zu wenig, wird gesagt: „Du mit deiner brotlosen Kunst." Verdienst du zu viel, sind die Menschen neidisch.

Es ist leichter, mit dem Strom als gegen den Strom zu schwimmen.

Je weniger ich habe, desto mehr bin ich im Moment und kann mich aufs Wesentliche fokussieren.

Träume nicht dein Leben, lebe deine Träume.

Nachwort

„Die Welt ist ein Buch. Wer nicht reist, sieht nur eine Seite davon." –
Aurelius Augustinus

Was ich mir wünsche, ist eine Welt in Frieden. Denn es gibt noch so
viel zu sehen und dadurch, dass ich die Länder bereise, kann ich mir
ein eigenes Bild machen.

Oft bringe ich Reisegeschichten mit und verstehe mich ein Stück weit
als Völkerverständigerin. Eine Welt in Frieden beginnt in uns. Wir
können jetzt sofort bedingungslosen Frieden haben, indem jeder
Mensch die Waffen niederlegt.

Es ist irrwitzig, dass wir überhaupt Länder haben. Irgendwelche Leute
haben eine Flagge in den Boden gerammt und meinen, dass sei ihr
Land. Dabei gehört die Welt uns allen. Was in der Vergangenheit passiert ist, muss nicht gut sein. Doch das Einzige, was wir beeinflussen
können, ist der jetzige Moment.

*„Gott, gib mir die Gelassenheit, Dinge zu akzeptieren, die ich nicht än-
dern kann, den Mut, Dinge zu ändern, die ich ändern kann und die
Weisheit das eine vom anderen zu unterscheiden."* – Niebuhrs Gebet

Wir schieben es oft auf die Umstände: das Wetter, die anderen, die
Badehose. Doch wenn wir ehrlich sind, liegt es immer nur an einem
Ding, was alle gemeinsam haben: Es scheitert an uns selbst.

Sei die Veränderung in der Welt, die du sehen möchtest.

Lebe und Liebe – Jetzt. Namasté, ich verbeuge mich vor dir. Danke
fürs Lesen.

Hat dir das Buch gefallen? Dann freue ich mich, wenn du die Message in die Welt trägst, das Buch teilst oder rezensierst. Dies ist für mich die wichtigste Form der Werbung, da ich keinen Verlag habe.

Vielen Dank!

Janine

Über die Autorin

Ich, Janine Mehner, Jahrgang 1989, wurde im Erzgebirge geboren. In Hamburg, wo ich meinen festen Wohnsitz habe, habe ich Kultur- und Medienmanagement sowie Journalismus studiert. Seit meinem 21. Lebensjahr moderiere ich diverse Live- und Fernseh-Formate.

Wenn ich nicht gerade auf der Bühne oder vor der Kamera stehe, arbeite und reise ich im Campervan mit meinem Reisekater Flynn.

Als Yogalehrerin setze ich mich mit buddhistischen Zitaten auseinander und hinterfrage unsere heutige Welt. Außerdem leite ich Yoga-Retreats und Rhetorik-Kurse.

Gerne können wir uns hier vernetzen:

Homepage
www.janinemehner.de

Blog
www.gypsylife.style

Instagram
www.instagram.com/janinemehner

Instagram Campervan
www.instagram.com/gypsylife.style

Rhetorik
www.einfach-frei-sprechen.org

LinkedIn
www.linkedin.com/in/moderatorin-janine-mehner-host/

Facebook
www.facebook.com/ModeratorinJanineMehner

Printed in Poland
by Amazon Fulfillment
Poland Sp. z o.o., Wrocław

25135562R00104